领导干部版 | 第3版

李真顺 ◎ 著

脱稿演讲与即兴发言

北京联合出版公司
Beijing United Publishing Co.,Ltd.

图书在版编目（CIP）数据

脱稿演讲与即兴发言：领导干部版 / 李真顺著.
北京：北京联合出版公司, 2025.1. -- ISBN 978-7
-5596-8024-2

Ⅰ.C933.2

中国国家版本馆CIP数据核字第2024US1919号

脱稿演讲与即兴发言：领导干部版

作　者：李真顺
出 品 人：赵红仕
选题策划：北京时代光华图书有限公司
责任编辑：管　文
特约编辑：王萌萌
封面设计：新艺书文化

北京联合出版公司出版
（北京市西城区德外大街83号楼9层　　100088）
北京时代光华图书有限公司发行
北京晨旭印刷厂印刷　　新华书店经销
字数108千字　　880毫米×1230毫米　　1/32　　7印张
2025年1月第1版　　2025年1月第1次印刷
ISBN 978-7-5596-8024-2
定价：58.00元

版权所有，侵权必究
未经书面许可，不得以任何方式转载、复制、翻印本书部分或全部内容
本书若有质量问题，请与本社图书销售中心联系调换。电话：010-82894445

01 展现综合实力的脱稿演讲

脱稿演讲是领导干部的必备技能 / 003

说实话办实事从脱稿演讲做起 / 006

脱稿演讲是领导干部实力的展现 / 007

脱稿演讲能增添领导干部的个人魅力 / 009

脱稿演讲更适用于现场会 / 011

脱稿演讲的现场效果更好 / 012

脱稿演讲的形式更灵活 / 014

脱稿演讲的"四步走" / 017

根据关键要素确定演讲主题 / 017
运用"柜子理论"组织演讲稿 / 019
掌握简单易行的长文记忆法 / 023
事先排练不可少 / 030

提高脱稿演讲水平需要技巧 / 035

台下多积累，台上更精彩 / 035
有胆量有自信才能挥洒自如 / 038
一个好的开场白等于成功了一半 / 043
有逻辑更利于听众理解和记忆 / 045
增强故事性更具说服力 / 046
不断探索并形成自己的风格 / 048

02 体现应对能力的即兴发言

即兴发言的要点和难点 / 055

即兴发言对口才的要求更高 / 055

即兴发言的四大特点 / 056

即兴发言应避免的陷阱 / 058

即兴发言并非完全无准备 / 061

知识和材料的日常积累很重要 / 061

口语表达能力可以不断提高 / 064

思想有深度，讲话才底气十足 / 069

迅速观察现场，及时捕捉有效话题 / 070

沉着应对各种临时状况 / 071

即兴发言更需要有技巧 / 072

选准发言的主题是关键 / 073

围绕主题巧妙构思、组合材料 / 076

即兴发言更要短小精悍、逻辑严密 / 078

语言生动活泼，符合听众风格 / 080

即兴发言的黄金模式 / 081

昨天、今天、明天 / 082

祝贺、感谢、希望 / 087

03 提高表达能力的基础训练

雄辩滔滔并非与生俱来 / 099

  练出圆润动听的好声音 / 100

  有力度才震撼人心 / 103

  让声音传遍每个角落 / 103

  勤做活舌操让你舌头灵活 / 105

  绕口令不能一味求快 / 108

  更易进入角色的朗读式训练法 / 111

  讲道理不如讲故事 / 115

  一口纯正的普通话是一种资本 / 119

  无声的态势语不容忽视 / 121

  如何正确表达态势语 / 121

  态势语应用的基本原则 / 124

  对各种态势语都心中有数 / 130

克服紧张方能神态自若、思路清晰 / 140

  不要过于追求完美 / 141

  学会调整节奏，适当放松 / 141

坦然面对并接受自己的紧张情绪 / 142

掌握一些放松身心的方法 / 142

无语练胆，脑子空白也能气定神闲 / 143

随意练口，重要的是敢讲 / 143

养成有效表达的思维惯式 / 144

逆向倒转思维法 / 144

追根溯源思维法 / 146

纵横交错思维法 / 146

攻其一点思维法 / 148

提前预想演讲中的问题，有备无患 / 152

如何开头——百花齐放因人制宜 / 152

如何结尾——可长可短力避拖沓 / 153

如何写稿——盘点自身列表取舍 / 153

如何提高文采——处处留心咀嚼背诵 / 154

如何消除恐惧——充分准备从容面对 / 154

如何展现自信——练就金刚钻应对百样活 / 155

如何学好普通话——找准症结逐渐提高 / 157

如何搞好心理暗示——毛遂自荐舍我其谁 / 157

如何推销自己——首战告捷神武倍增 / 157

有人挑刺怎么办 / 158

忘了词怎么办 / 158

时间到了没说完怎么办 / 158

突然被叫起来说几句怎么办 / 158

如何应对演说中的错误 / 159

04 多场合发言要点与范例

自我介绍的常用方法 / 163

主持会议时的发言技巧 / 168

致欢迎词的注意点 / 170

致欢送词的主要内容 / 173

竞聘演说应涉及四方面 / 175

获奖致辞的发言方式 / 179

目 录

汇报工作要做到五点 / 181

动员号召包括三大内容 / 183

不同场合的庆典祝酒词 / 186

 庆功宴祝酒词 / 186

 婚礼祝酒词 / 188

 生日庆典祝酒词 / 189

开幕致辞三字诀 / 191

答谢致辞三字诀 / 195

不同的酒会侧重点不同 / 197

赞美时的发言 / 201

 直接赞美要点 / 201

 间接赞美要点 / 202

 赞美的三个原则 / 202

 赞美的三个层次 / 202

其他场合的发言要点 / 205

 表达批评时的发言 / 205

与客户沟通时的发言 / 205
与下属面谈时的发言 / 206
介绍别人 / 207
答记者问 / 207

01

展现综合实力的脱稿演讲

脱稿演讲是领导干部的必备技能

演讲，也被称为讲演或演说，是指在公众场所，以有声语言为主要手段，以体态语言为辅助手段，针对某个具体问题，鲜明、完整地表达自己的见解和主张，阐明事理或抒发情感，进行宣传鼓动的语言交际活动。

俗语常说，天有三宝：日、月、星，人有三宝：精、气、神。精神状态的好坏，对人的所有行为都会产生相当大的影响。当人们相互问好的时候，通常情况下，向对方大声地问好要比轻声问好取得的效果更好，这样更容易让彼此精神振奋。成功的信息通过语言和表情传达，更能激励人们朝着成功迈进。懂得了这样的道理，就能以百倍的信心开始演讲口才的训练，也才能取得更快、更好的结果。

演讲可以按不同方式分为不同类型，如果按演讲方式分类，大致可分为五类，即读稿式演讲、背诵式演讲、提纲式演讲、即兴式演讲和辩论式演讲。其中，背诵式演讲就是脱稿演讲。这种演讲方式要求演讲者事先写好稿子，并反复练习，直到背熟后，再脱稿演讲。

进行脱稿演讲的演讲者可以事先在演讲稿上精雕细琢，然后认真练习，反复背诵，默记于心，有了一定的把握才上台演讲。演讲前在口头语言和态势语言表达方面的精心准备，可以弥补演讲技巧的不足，比较适合初学者。但若是准备得过于详细周密，就会显得修饰太多，在正式演讲时往往带有表演的痕迹，甚至使人感到哗众取宠、矫揉造作。所以，脱稿演讲者一定要把握好度，切记过犹不及。

良好的演讲才能和沟通能力，是各级领导者不可或缺的能力，而脱稿演讲更是必不可少的基本功。在日常工作中，无论是和上级还是和下级的交流，都离不开说话的能力。而演讲，更是传递和交换信息、情感、态度，相互协商、沟通，并取得互信的重要方式之一，也是领导干部展现自己的人格魅力、积攒威望和声誉、拉近自己与民众距离的重要手段。

然而，很多领导干部往往忽视对脱稿演讲能力的培养。

基本上都是其秘书提前写好稿子，开会的时候自己照本宣科。而秘书为了显示领导对会议的重视，经常洋洋洒洒地准备上万字的稿子，空话、套话不断，动辄是几点要求、几点体会，结果往往是台上讲得慷慨激昂，台下听得昏昏欲睡。

领导干部照着稿子念，无疑是目前最为普遍的现象。无论是大会还是小会，无论是发言讲话还是主持致辞，不管对象是谁，有会必讲话，讲话必念稿，这已经成为一种定式和习惯。个别干部甚至离开稿子就寸步难行，不念稿就不会讲话。而且，念起稿来又长又空，结果往往是台上开大会，台下开小会。甚至有些领导干部在接受媒体采访时，面对记者的频频追问，也以事先写好的官样文稿应对，其结果必定是破绽百出。

像这样，大小会议发言讲话都由秘书代笔，自己不注重读书学习、调查研究的人，久而久之就会产生没有稿子就张口结舌的尴尬。有人把领导干部这种照本宣科的行为形容为唯"稿"独尊、目中无"人"。可见一纸讲话稿，不仅拉开了领导与老百姓的心理和情感距离，也反映了有的领导干部官僚作风严重、敷衍了事，以及"不求有功，但求无过"的工作态度。

因此，相对于不少领导干部凡是会议必照本宣科念稿讲话的情形，能够脱稿演讲可谓是大得人心。

●说实话办实事从脱稿演讲做起●

如果你每天收看《新闻联播》，相信你肯定注意到了，中央领导同志都在身体力行地脱稿讲话，倡导脱稿讲话，要求开会"不要念稿子"，不许说空话套话、不许长篇大论，要言简意赅谈实质性问题。这些要求早已经成为中央领导主持召开的会议上的硬性要求，这也说明了脱稿演讲在今日的重要性和意义。这种大刀阔斧整肃文风、会风的方式，给全党带来一股清新风气，受到群众赞誉，引来一片叫好声。其表面上是整肃文风、会风，实际上却是向工作中的官僚作风、衙门作风"宣战"。

在这种形势下，会不会讲话，能否讲好话，不仅关乎个人形象，更关乎个人事业发展与前途。同时，也反映出领导干部是否心系人民，是否认真对待工作，是否有足够的能力解决问题。

当然，并不是说能够脱稿演讲就意味着领导干部的能力强、水平高，但脱稿演讲至少能说明领导干部在会前是经过认真思考和精心准备的，能够使与会者感到备受尊重，同时也是领导干部对自己负责的一种表现。另外，同长篇大论地念稿相比，脱稿演讲能够很大程度上节约会议时间，提高工作效率。毕竟很少有人能背下上万字的讲稿，为了避免出错，领导干部必然会言简意赅。而且，脱稿演讲要求生动、准确、言之有物，这就使得领导干部要不断学习、提高自身综合素质，告别官腔和官样文章，用富有个人特色的讲话打动与会者。

讲话是领导干部的一项职务行为，职务越高，对讲话水平的要求也就越高。因此，领导干部应该重视，培养自己脱稿讲话、脱稿发言的能力。而这种能力的培养，又促使领导干部自己去深入了解情况，自己思考总结。

其实，提倡脱稿演讲，重在解决社会各种矛盾，重在为当地改革发展夺得先机，重在为群众多办好事、实事，以及着眼于为群众带来长远利益的事情。领导干部应该以中央领导为榜样，努力掌握地方改革发展先机，多为群众谋利益。

● 脱稿演讲是领导干部实力的展现 ●

演讲，或者说当众讲话是一项非常重要、非常实用的能力。相比之下，脱稿演讲的难度更胜一筹。很多领导干部即使是念稿子，也会情绪紧张，如临大敌，以致结结巴巴，要是脱稿演讲，更是面红耳赤、语无伦次。从容不迫地脱稿演讲，不仅能拉近与听众的距离，更能体现出领导干部的实力与风度。因为脱稿演讲对人的记忆能力、表达能力、思维的敏锐性和高度精准的提炼概括能力等，都有着更高的要求。它不仅体现了演讲者的口才，更显示了演讲者丰富的知识储备、沉稳的气度、处变不惊的心态，以及强烈的感染力。

照着稿子读，即便错了也能随时更正，不会太出格；而一旦脱稿去讲，就很可能出现讲得不够全面、条理不够清晰、事实不够准确等一系列问题。为了避免出错，领导干部必须花费更大的精力，准备翔实的材料，反复练习，精益求精，才能保证万无一失。因为领导干部并非有特殊的记忆力，也不是天生就"会说话"，只有长期学习和积累，才能更好地进行脱稿演讲。

同时，我们也要明白，脱稿与否并不是判断一个领导干部能力水平高低的唯一标准。因为对某些领导干部来说，这只是一个触手可及的目标，然而对一些天生表达能力不强的领导干部来说，却是遥不可及的。虽然每个领导干部都应该注重加强脱稿演讲的能力，但是也不能矫枉过正，陷入为了脱稿而脱稿的误区。

● 脱稿演讲能增添领导干部的个人魅力 ●

脱稿演讲为什么这样受欢迎？这是因为，讲者自信、用心，听者舒畅、入心。纵观古今中外的演讲家，无不是脱稿演讲的高手。

正所谓"功夫在诗外"，演讲的成功与否，不仅在于用词的考究、逻辑的严谨、结构的完整，更在于演讲者是否经过思考，是否能用自己的语言把心得感悟传达出来。相对于大放厥词的套话、大话、空话，真切、平实的话语，更容易深入人心，彰显个人魅力。特别是穿插一两句感人至深的箴言警句，更能令人回味无穷。

演讲不在于文采有多好，而在于讲话是否实在、是否有深度、是否是人们乐意听的。毫无真知灼见的照本宣科，不过是美丽辞藻的堆砌，却无法打动人心。

一般来说，敢于脱稿讲话的人，往往勤学善思，对工作有自己的认识、见解和态度，对讲话有比较充分的准备，能够讲得实用、新颖、精简。并且在演讲的过程中，能以通俗易懂、生动活泼的语言与听众互动，激起听众的兴趣，从而产生共鸣。这样，也能够更好地表现自己的亲和力和感染力，突出鲜明的个性、独特的风格，展示自己的思想境界、能力水平，体现出自己的高素质、高情操。可以说，与只会念稿的领导干部相比，脱稿演讲的领导干部更具个人魅力。

脱稿演讲更适用于现场会

领导干部讲话主要有两种形式：一种是念稿式的讲话，一种是脱稿式的讲话。我们强调脱稿演讲，并不是说念稿演讲没有存在的必要。

在法律宣判、政治报告、传达上级重要文件或高级领导重要讲话等场合，就不宜脱稿讲，而应采取照稿宣读的方式。在这些场合，不但要事先准备好讲话稿，而且要经过充分讨论甚至集体研究决定。这样，既可以暗示内容的重要，保持气氛的庄重，又使发言内容逻辑严密、措辞准确，使之无懈可击。

如果仅仅是为了脱稿而脱稿，则容易出现内容表达不全面、口语化明显等问题，降低了严肃性，反而容易铸成大错。

而让领导干部把讲话稿通篇背诵下来，再在会场完全脱稿演讲，也是不现实的。因此，脱稿演讲更适用于小会、临时会、现场会等情况。要知道，倡导脱稿的初衷是让领导干部摆脱文牍主义，摆脱假大空的话风，并不是将念稿演讲完全杜绝。

●脱稿演讲的现场效果更好●

在适合脱稿演讲的许多场合，各级领导干部还是要多培养自己脱稿演讲的习惯。因为和念稿演讲比起来，脱稿演讲的效果更好一些。主要原因是脱稿演讲可以直抒胸臆，并且不借助讲稿直接与听众沟通，听众就会感到真实可信，吸引其主动参与互动。

而在念稿时，领导干部会因害怕一不小心念错稿子，所以把注意力全放在讲稿上，唯恐自己看错行、念错字。但这样的话，语气就会十分平淡，无法做到抑扬顿挫，更别说做到声情并茂了。再加上讲稿如果是由秘书所写，就不一定完全符合领导干部的表达习惯，领导干部照着稿子念，用自己的嘴来讲别人的话，会让人感觉既像是张三讲的，又像是李四讲的，因此念出来的稿子往往是干巴巴的，缺少真情实感。

相对之下，脱稿演讲节奏更为从容、自由，更容易达到声情并茂的效果，使人感到形象生动、通俗易懂，从而更乐于接受。根据捷克女学者卡尔瓦绍娃的研究结果，从人的记忆效果看，通过讲的方式人们大约能记住材料的33%，而通过读的方式人们只记住材料的10%。由此可见，脱稿演讲的效果要优于念稿演讲。

从听众的角度来说，面对念稿演讲，大家不但听起来兴趣索然，且只能看到演讲者埋头念稿的样子，有时甚至连演讲者的面部表情都看不到，就更别说进行眼神交流了。这时，演讲者往往也不知道台下的听众有何反应，因为怕分散注意力，只能在念稿的间歇偶尔抬头看一眼听众。有的演讲者过于紧张，会有意识地不去看听众，完全是对着空气在讲话，演讲的效果就可想而知了。

在脱稿演讲时，演讲者脱离了讲稿的束缚，可以随时跟听众进行眼神交流。既能声情并茂地讲话，表达自己的喜怒哀乐，也能用眼神传达自己对他人的关注和善意。同时，还能根据听众的反应，及时调整自己的思路和语言。

跟念稿演讲相比，脱稿演讲还有一个更大的好处，就是演讲者可以充分运用肢体语言。一个人要向外界传达完整的信息，单纯的语言成分只占7%，声调占38%，另外的55%

信息都需要由非语言的体态来传达,即我们常说的肢体语言。所谓肢体语言,就是指经由身体的各种动作,代替语言来传情达意。

在日常生活中,我们有一些约定俗成的肢体语言,如鼓掌表示兴奋,顿足代表生气,搓手表示紧张或不安,垂头代表沮丧,点头表示肯定,摇头表示否定,摊手表示无奈……当事人以肢体活动表达情绪,别人也可由此辨识出当事人的肢体所表达的意思。

一般来说,肢体语言都是下意识的动作,但是领导干部在演讲时,可以设计一些肢体动作,增强演讲的效果。演讲时有一个"二八法则",即听觉效果占20%,视觉效果占80%。如果演讲者眼不能看观众,手不能做动作,那么演讲80%的效果就没有了。

●脱稿演讲的形式更灵活●

念稿演讲时讲究结构严谨,经常是几个大问题、几个小问题、几个点等,条条框框的,比较死板。这种僵化的语言,使听众听完这部分往往就忘了上部分。演讲者在念稿时,不敢有任何题外的发挥,无法随便插入即兴语言,否则可能会破坏整个讲稿的结构。

因此，除了年度工作报告、重要会议的发言等正式场合之外，在一般性的汇报工作、讨论问题的会议上，脱稿演讲更合时宜。脱稿演讲往往只有一个主题和大纲，演讲的过程中，你可以随时调整思路和时间，还可以结合现场情况增减讲话内容，有话则长，无话则短。不要看到听众已经心不在焉，你还在"埋头苦读"，造成你和听众的双重折磨。

1990年夏季，时任美国总统乔治·赫伯特·沃克·布什访问匈牙利，而且要在国会大厦前的科苏特·拉约什广场演讲。可是天公不作美，当布什来到广场时，正下着雨，广场上一片伞的海洋，数千人在雨中一直等着听他的演讲。只见布什总统笑容可掬地走到麦克风前，一边说"女士们，先生们"，一边向群众挥舞双臂致意。正当大家等着他掏出讲稿并大声朗读时，令人吃惊的一幕发生了：只见布什总统从衣袋里掏出讲稿，几下就把它撕成了碎片。然后，他对听众说："讲稿太长，为使大家少淋雨，改为即兴讲话。"话音刚落，人群中立刻爆发出一片掌声和欢呼声。

试想,谁愿意在大雨中听别人长篇大论地念讲稿呢?而布什总统改为脱稿演讲,正好满足了大家当时的需求。即使脱稿演讲的用词未必准确,逻辑性未必强,但其收到的功效却是念稿无法达到的。

实践证明,无论是部署工作、向上级汇报,还是致辞、同来宾交流,领导干部脱稿演讲,能够增强讲话的针对性和实效性,体现领导干部的素质,提高领导干部的威信。特别是在汇报工作和发表意见时,脱稿可以直奔主题,避免讲稿为追求结构严谨、面面俱到而套话连篇,结果却让人听半天也不知所云,接触不到正题。

脱稿演讲的"四步走"

● 根据关键要素确定演讲主题 ●

演讲是讲给听众的,因此,演讲者首先要了解听众对象,了解他们的思想水平、文化程度、职业状况,以及他们所关心和迫切需要解决的问题是什么。否则,不看对象,演讲再生动,演讲者说得再动听,也不会真正打动人心。

演讲,要以主题领航,就是演讲者在构思讲稿的时候,确立自己本次讲话的中心思想。好的演讲一定是观点非常鲜明的,它显示着演讲者对人、事、物的理性认识,显示着演讲者对客观事物见解的透彻程度,给人可信赖感。否则,演讲就缺乏说服力。无论是脱稿演讲还是念稿演讲,都有一定的目的性,即在特定的时间、特定的地点,参加特定类型的会议,针对特定的听众,为了达到某种目的所进行的。领导干部在演讲之前,一定要明确以下几个关键要素,并据此来选择演讲的主题。

◆ 时间。

是在白天进行演讲,还是在晚上进行演讲?是在普通的日子演讲,还是在某纪念日等特殊的时刻演讲?……时间是我们首先要考虑的,领导干部可根据时间要求的不同,选择合适的开场白。

◆ 地点。

进行演讲的地点是室内还是室外?是会议室、礼堂还是宴会厅?……在进行脱稿演讲时,领导干部还要根据地点来调整演讲的内容和篇幅。比如,在宴会厅进行演讲,就不宜长篇大论,最好是开门见山、点到即止。

◆ 会议的类型。

这是决定演讲主题的核心要素。演讲一般是在某种特定场合进行的,比如开幕会或闭幕会,表彰会、宣传会或报告会……演讲的主题必须和会议的主题息息相关,如果脱离了会议的主题,即使你的演讲十分精彩,也算不上是一次成功的演讲。

◆ 听众。

演讲就是向听众传达演讲者的思想和情感。在演讲之前，若是不了解听众是谁，又如何传达你的真情实感呢？而且，听众的身份是上级领导、下属员工，还是远道而来的贵宾，也影响着你演讲时的语气和风格。

◆ 演讲的目的。

明白为了什么而演讲很重要，是为了迎接贵宾、表彰先进、汇报工作、竞聘上岗，还是为了答谢致辞？演讲的目的不同，内容自然会截然不同。

●运用"柜子理论"组织演讲稿●

要学会脱稿讲话，并非完全不写稿、不念稿。相反，文稿是很重要的载体，是对重要信息的集中记录。没有文稿，演讲可能就缺乏准确性、权威性、系统性。为了节约时间和防止讲话跑题，领导干部在进行脱稿讲话前，反而应该认真思考讲什么、怎么讲、讲多少，亲自动手，事先准备一个发言提纲，甚至写成一篇完整的讲话稿，并且学会恰当地利用稿子和驾驭稿子。

曾经有这样一个笑话。美国前总统富兰克林·罗斯福问美国的外交官威廉·埃夫里尔·哈里曼："为什么英国首相温斯顿·丘吉尔的演讲那么激动人心呢？我们的撰稿人怎么就写不出那么有水平的内容呢？"哈里曼说："那是丘吉尔自己写的。"

其实，要想写好讲稿，可以遵循"柜子理论"。具体的方法是盘点自身、列表取舍。每个人都可以把自己的经历分成几个阶段，每一个阶段又可以找到一两个有代表性的故事。也就是说，盘点自己的经历，列表记录，从哪年到哪年，做了什么事。比如，童年阶段、求学阶段、从军经历、从政阶段等。然后，聚焦演说这样几个阶段。每个阶段，都会遇到代表性的人物和事情。把这些人和事列表记录，这就是演讲所需的材料。

人常说讲道理不如讲故事，讲伟人的故事不如讲身边人的故事，讲身边人的故事则不如讲自己的故事。因此，你的现身说法对别人更具说服力。

你可以根据自己的经历进行盘点、分类，再进行统筹安排，犹如打造一个有许多抽屉的柜子。以我自己为例，我把自己的经历进行盘点和梳理：一个农村青年，高中毕业以后当兵，退伍后再读书，毕业后在北京工作，转业之后当记者，后来经营文化公司，在大学教语言，等等。我把这些经历分为几个阶段，任何一个阶段都可以找出几个代表事件。于是，我列了一个长长的单子，然后对照这个单子对代表事件进行分类。有的故事跟"微笑"相关，我就把它分到名字叫作"微笑"的"抽屉"里；有的故事跟"热情"相关，我就把它分到名字叫"热情"的"抽屉"里；有的故事跟"人情"相关，我就把它分到名字叫"人情"的"抽屉"里等。然后把所有的抽屉关上，材料就形成了。这就是我一直提倡的关于演讲稿写作的一个技巧——"柜子理论"。你要认真体会这个理论，会发现依照它写稿讲话，很容易出现层次感。

同时，我要强调，抽屉不仅可以打得开，还要能够关上。如果有段经历你不喜欢，那就把它清空；对于自己心里特别清楚又特别有感觉的那部分，你可以讲得多一点，写得多一点。

对于领导干部来说，脱稿演讲的内容多半是从自己的工作出发，与自己日常办公所接触的人、事、物息息相关。领导干部需要根据自己的工作内容，把接触到的各类信息分门别类，如政治、经济、社会、文化等。这一方面要求领导干部在平时多读书、多学习、多积累、多沉淀,不断提高自身的综合素质;另一方面要求领导干部在工作中真抓实干、扎实深入,只有亲自做过的工作,才会产生真切的心得体会和独有的思想见解,为演讲积累丰富而动人的素材。

有了素材之后,就需要统筹使用,布局谋篇,打造一个"柜子"。比如说,要打造一个"演讲训练"的柜子,这个柜子就要有几个抽屉,可以包括演讲准备、脑的训练、口语表达训练、态势语训练、即席演讲、表达常规模式……把所经历的人和事分门别类,看看应该放到"演讲准备"的抽屉里,或是放到"脑的训练"抽屉里,还是放入其他的抽屉。领导干部平时可以多加思考,自己收集到的信息、得出的心得应该如何分类,需要的时候应该如何组织,才能使讲稿内容言简意赅、精辟生动、深入人心、引起共鸣。这不仅节约时间,而且更容易达到讲话的教育、指导、启发等目的。

组织材料是一项细致又具创造性的工作。领导干部每天公务都很繁忙,需要接触方方面面的人、事、物。久而久之,大脑里的各种信息纷繁庞杂,一时很难理出头绪。所以,领导干部平时一定要注意思考,抽空整理自己大脑中的信息,这样才会使自己的思绪清晰,工作效率也将大大提高。

● 掌握简单易行的长文记忆法 ●

讲稿写好之后，需要熟练背诵。对工作繁忙的领导干部来说，背诵也不是一件简单的事。特别是大篇幅的讲稿，要想完全背诵，花费的时间和精力并不少。而且，背诵讲稿别人无法帮忙，只能靠自己下苦功。

当你要记忆一些内容的时候，可以将字头连起来记忆，这叫作"字头法"。例如，要记住语言表达的七大技巧"情景再现、内在语、对象感、停连、重音、语气、节奏"，可以将这七个技巧的字头相连，组成"情内对停重语节"。

◆情景再现：设身处地、触景生情、现身说法。

◆内在语：话中话、弦外音、潜台词。

◆对象感：面对话筒，目中无人、心中有人。

◆停连：南京市 / 长江大桥。

◆重音：谁动了我的奶酪？

◆语气：思想感情、语气分量。

◆节奏：抑扬顿挫、轻重缓急、回环往复（扬抑、停连、轻重、快慢）。

在这里，我想介绍一下提高记忆力简单易行的方法——

长文记忆法。

为了便于记忆,我把这个记忆方法编成了一个顺口溜:通读三遍定小题,小题之间找联系,一段一段往下记,这篇文章成我的。

在《世界上最伟大的推销员》一书中有十道羊皮卷,每一道都堪称经典美文,值得反复咀嚼、背诵。我们以其中一篇为例,实践上述记忆方法。

今天我要学会控制情绪

今天我要学会控制情绪。

潮起潮落,冬去春来,夏末秋至,日出日落,月圆月缺,雁来雁往,花飞花谢,草长瓜熟,自然界万物都在循环往复的变化中,我也不例外,情绪会时好时坏。

今天我要学会控制情绪。

这是大自然的玩笑,很少有人窥破天机。每天我醒来时,不再有旧日的心情。昨日的快乐变成今天的哀愁,今天的悲伤又转为明日的喜悦。我心中像一只轮子不停地转着,由乐而悲,由悲而喜，由喜而忧。这就好比花儿的变化，今天枯败的花儿蕴藏着明天新生的种子，今天的悲伤也预示着明天的快乐。

今天我要学会控制情绪。

我怎样才能控制情绪，以使每天卓有成效呢？除非我心平气和，否则迎来的又将是失败的一天。花草树木，随着气候的变化而生长，但是我为自己创造天气。我要学会用自己的心灵弥补气候的不足。如果我为顾客带来风雨、忧郁、黑暗和悲观，那么他们也会报之以风雨、忧郁、黑暗和悲观，而他们什么也不会买。相反的，如果我们为顾客献上欢乐、喜悦、光明和笑声，他们也会报之以欢乐、喜悦、光明和笑声，我就能获得销售上的丰收，赚取成仓的金币。

今天我要学会控制情绪。

我怎样才能控制情绪，让每天充满幸福和欢乐？我要学会这个千古秘诀：弱者任思绪控制行为，强者让行为控制思绪。每天醒来，当我被悲伤、自怜、失败的情绪包围时，我就这样与之对抗。

沮丧时,我引吭高歌。

悲伤时,我开怀大笑。

病痛时,我加倍工作。

恐惧时,我勇往直前。

自卑时,我换上新装。

不安时,我提高嗓音。

穷困潦倒时,我想象未来的富有。

力不从心时,我回想过去的成功。

自轻自贱时,我想想自己的目标。

总之,今天我要学会控制自己的情绪。

从今往后,我明白了,只有低能者才会江郎才尽,我并非低能者,我必须不断对抗那些企图摧垮我的力量。失望与悲伤一眼就会被识破,而其他许多敌人是不易觉察的。它们往往面带微笑,却随时可能将我们摧垮。对它们,我们永远不能放松警惕。

自高自大时,我要追寻失败的记忆。

纵情得意时,我要记得挨饿的日子。

得意扬扬时，我要想想竞争的对手。

沾沾自喜时，不要忘了那忍辱的时刻。

自以为是时，看看自己能否让步驻步。

腰缠万贯时，想想那些食不果腹的人。

骄傲自满时，要想到自己怯懦的时候。

不可一世时，让我抬头，仰望群星。

今天我要学会控制情绪。

有了这项新本领，我也更能体察别人的情绪变化。宽容怒气冲冲的人，因为他尚未懂得控制自己的情绪，就可以忍受他的指责与辱骂，因为我知道明天他会改变，重新变得随和。

我不再只凭一面之交来判断一个人，也不再因一时的怨恨与人绝交，今天不肯花一分钱买金蓬马车的人，明天也许会用全部家当换树苗。知道了这个秘密，我可以获得极大的财富。

今天我要学会控制情绪。

我从此领悟了人类情绪变化的奥秘。对于自己千变万化的个性，我不再听之任之，我知道，只有积极主动地控制情绪，才能掌握自己的命运。

  我控制自己的命运就是成为世界上最伟大的推销员！

  我成为自己的主人。

  我由此而变得伟大[①]。

运用长文记忆法，背会以上这篇文章可分四步走：

第一步，"通读三遍定小题"。

通读三遍后你会由衷感受到它的美，不由得想全篇"吞下"，使之成为自己的话。并且，会形成整体印象，便于全局把握。这篇文章可以分为六个部分，我们不妨以每部分的开头作为小题，分别是：

1. 潮起潮落

2. 这是大自然的玩笑

3. 我怎样才能控制情绪，以使每天卓有成效呢

4. 我怎样才能控制情绪，让每天充满幸福和欢乐

5. 有了这项新本领，我也更能体察别人的情绪变化

[①] 奥格·曼狄诺. 世界上最伟大的推销员 [M]. 安辽, 译. 北京：世界知识出版社，2008.

6. 我从此领悟了人类情绪变化的奥秘

第二步,"小题之间找联系"。

以全文标题"今天我要学会控制情绪"为统领带出小题,并建立起之间的联系:

"潮起潮落"(潮起潮落怎样?它就像人的情绪变化);

"这是大自然的玩笑"(情绪不稳影响人生,我要主动控制它);

"我怎样才能控制情绪,以使每天卓有成效呢"(是啊,到底怎样控制呢);

"我怎样才能控制情绪,让每天充满幸福和欢乐"(办法很好,卓有成效);

"有了这项新本领"(那怎么样);

"我从此领悟了人类情绪变化的奥秘"。

第三步,"一段一段往下记"。

学会聚焦,各个击破,联想理解,逐段记忆。逐段记忆之后,再根据各小题及它们之间的联系来理解和记忆,于是整篇文章在脑中连贯了起来。

第四步,"这篇文章成我的"。

按照以上步骤进行,你就可以大致记下这篇文章了。最后，只需多加练习，让这些文字真正从你的心里、你的口中"讲"出来，成为自己的话。

你也可以再找一些文章试试。这样，多练习几次就可以加快记忆速度。

当然，你也可以独创出更高明、更适合自己的记忆方法。

●事先排练不可少●

"成为一名成功的演讲者能让你受到注目并让你实现目标。我在演讲前从不草率行事。精心准备是我最有用的防弹衣！"一位非常擅长演讲的人士曾这样说。

排练工作是演讲前必不可少的一个步骤，也是演讲准备工作中一个不容忽视的重要环节。领导干部需要进行脱稿演讲的场合都比较重要，为了保证脱稿演讲的效果，在正式上台前都应该进行反复的排练。

即使能力出众、经验丰富的著名演讲家也会提前排练，但和普通人不同的是，他们都有自己的思考和排练方式，会先在脑中筹划并预演多种可能的方案和选择。因此，他们并不需要去模拟演讲。他们不想有太多刻意表演的痕迹，要让自己在熟悉演讲材料的同时，不失自然表现的机会。他们认为，排练或排练过度，往往会令自己丧失"锋芒"。

这种"无排练"方式，对那些经验老到、熟悉演讲内容、能根据现场反应自由剪接演讲内容，以及喜欢冒一点险的专业演讲家来说，是十分有效的。但对于大多数演讲者来说，还暂时无法这样自由发挥，所以必须在正式演讲前，一遍又一遍地反复排练，针对演讲的内容、时间、节奏、道具、服装及特殊效果精心打磨，发现可能会出现差错的地方，并及时进行调整，以提高演讲的流畅度，同时增强自己的信心。流利地说出演讲词、自然地做出动作、适应现场的环境等，都能增强你的控制感，提高演讲的效果。

因此，我们在排练的时候，要注意以下几点：

第一，注意掌控时间。

在演讲之前，我们应该对演讲所需的时间心中有数。这就需要根据实际情况确定演讲的大致时间，超时演讲是对听众的无礼。除了听你演讲，每个人都还有其他事情要做，更何况在你之后可能会有别的演讲者。听众不会因为你延长了演讲时间而感谢你，主办方甚至还会因你的延时而担心整个流程的问题，而其他演讲者也肯定希望你赶紧讲完下台，以免占用他们的演讲时间。

然而,演讲时间并非越短越好,不适当的时间设定,如需要一个小时左右的演讲,你十五分钟就讲完了,也是不对的。

我们刚开始学习脱稿演讲,对时间的把握还没那么准确。而且,起初也不一定能根据现场情况随时调整内容。因此,排练时应该为自己的演讲计时,并及时调整演讲稿的篇幅。在正式演讲时,为了避免习惯性地添加一些和演讲不相关的内容,也应该在自己面前放一个钟表,便于自己在演讲过程中根据时间随时增减内容。

第二,排练也穿正装。

领导干部平时就需要衣着得体,更何况是进行演讲时,更应穿正装才行。为了保证现场演讲的效果,领导干部在排练时最好也能穿正装。排练时,需要有一面镜子、一名听众、一块表或其他计时器,充分使用所有的道具、稿子、支持材料,并尽可能真实地模仿现场实际情况。听众是谁并不重要,重要的是你能和他们进行眼神交流。你还可以录音,反复地听,以调整自己的语气和声调。

当然,如果你有机会能在演讲现场彩排,只要时间允许一定不要犹豫，要充分利用这个机会，尤其是活动规模较大、时间安排比较紧密，并且需要动用大量设备的场合。在某些会议，你可能还需要借助声光电等现代设备，如放映幻灯片、音乐或视频。这时，你一定要提前和技术人员打好招呼，让他们积极配合，以免设备出错，给演讲造成不良影响。而且，最好让他们对你的演讲内容有一个大概的了解，至少应该附上一份幻灯片、音乐和特效的播放顺序表。

其实，排练不一定都在真实的场合中进行，当你熟悉稿子之后，你可以像专业的演讲家那样，先在脑中进行演练。在脑中演练能形成条件反射，你的大脑会为你的某个动作储存一个具有象征性的代表信号。当你真正做这个动作时，你的大脑就知道你已经做过了，这会让你的演讲更为得心应手。

经过一次顺利的排练之后，在去演讲的路上、在走廊里、从停车场进入会议室或从地下室进入会场时，都要努力让自己进入状态。并且，最好在去会场前就已正式着装。除非万不得已，否则不要在车中或更衣室里换衣服。同时，把你在路上碰见的每个人，都作为展示自己职业水平的大好机会加以利用。通过你的肢体语言，充分表现出积极的信号，这会帮助你在必要时迅速进入演讲状态。

第三，借助他人力量。

成功的脱稿演讲从来不是旁若无人地口若悬河，而应该更加注重和听众的互动，眼神也要与听众有交流。演讲的内容和效果，往往取决于演讲者与听众的双向互动，所以在演讲的准备工作中就要借助他人的力量。

通常，我们无法在基本的内容概要准备好之前进行预演，但有一种办法可以让我们在仅有一点思路的情况下，即可着手做口头的准备——你可以在私下的场合，比如在和朋友吃饭或聊天时，试着把自己心里的想法说出来，看看它们是否适当，以及可以怎样调整会更好。在与几个人交谈后，你会发现自己已经开始在准备演讲时的措辞了。

一个人不可能始终以一种口吻说话，即使你坐在桌前练习演讲，其他人的意见和腔调也会影响你。这种现象在演讲中就更常见了，演讲者应该充分利用这种现象。尽量在更多正式的反馈和支持中，进行演讲准备。虽然，你可以从多种渠道得到反馈，但最可贵的反馈往往来自志同道合的人，以及了解你实际工作的同人。另外，在准备演讲的整个过程中，你要随时随地注意自己的发言效果，因为雄辩的演讲家往往都是这样做的。

提高脱稿演讲水平需要技巧

● 台下多积累，台上更精彩 ●

虽然脱稿与否不能作为判断领导干部演讲水平高低的标准，也不是领导干部个人能力大小的体现，提高脱稿演讲的水平却是锦上添花的事。但有一些领导干部纯粹为了脱稿而脱稿，要么完全将脱稿变成生硬地背稿，要么毫无逻辑地信口胡说。

须知，和念稿相比，背稿只是演讲者手上没有稿子而已，让人看上去好像是在无稿讲话，其实二者并无本质区别。有些领导干部天生口才很好，即使毫无准备，完全靠临场发挥，碰到任何一个话题也能洋洋洒洒地说上一大篇。可是，这并没有达到脱稿演讲的真正目的。因为脱稿演讲不是脱口秀，著名的演讲家也不会打无准备之仗，何况广大领导干部呢？

正所谓"台上一分钟，台下十年功"，或许有些领导天生演讲水平低一些，但只要经过充分的调查研究、反思总结，能把工作和想法讲清楚就行，谁也不会以演讲家的标准来要求每一个人。

领导干部想提高脱稿演讲的水平，远非练好口才这么简单。脱稿演讲的初衷并不是培养广大领导干部的口才，而是倡导领导干部务实的工作作风。所以，领导干部平时应多学习政策，勤于调查研究，掌握真实情况，对各种数据、事实了然于胸，对各种政策、典型事件了如指掌，才能在脱稿演讲时切中要害、简明扼要。在调查研究的基础上，保持思维的活跃，多思考，将理论联系实际，把握新趋势、提出新观点、拿出新举措，才能有的放矢、不说空话大话。同时，为了丰富语言、提高文采，还要处处留心，多咀嚼背诵一些好的文字内容，使其变成自己的。比如，演讲时多引用诗词歌赋、名人名言，不仅能为演讲增色，也能体现出演讲者的学识和水平。

在一次访问中，他们说："李先生，您的英语不错，口语也挺好，接下来我们进行下一个环节，用英文采访。"我一听就想，那么多人问来问去，都把我给采访迷糊了，我可回答不了那么多问题。于是我说："不，不用采访。为了不耽搁大家太多时间，我把一首英文诗送给大家。"中国的传统文化告诉我们"腹有诗书气自华"，诗词歌赋比一般的对话要高一个境界。于是，大家热烈鼓掌欢迎。我也不含糊，拿起话筒，便洋洋洒洒地朗诵起来。

我朗诵的诗的名字翻译成中文叫《四季歌》，中文大意是：春光明媚，鸟语花香；夏日炎炎，夜短昼长；秋季丰收，谷果满仓；冬飘瑞雪，新年在望。这是苏格兰作家罗伯特·路易斯·斯蒂文森的诗作。当然，我的英文发音可能不够标准。但大家想一想，如果外国朋友走在北京的长安街上，说"你们的烤鸭很好吃"，即使发音很不标准，我们也会觉得这个人挺棒的，会讲中国话。而不少人学了多年的英语，仍然是"哑巴英语"，这是值得我们反思的。学以致用，学语言就需要大大方方去讲，这非常重要。一个人不论在哪里，永远不能忘记自己的根，也永远不能失去自我。否则，就真成了邯郸学步，不仅别人的没学会，还把自己的也忘了，反而不伦不类。

如何提高文采？要处处留心，咀嚼背诵。把一些短小的、精彩的、隽永的内容，编号记忆，然后触景生情，看到一件事物，就想到其对应的那首诗；看到两个人在走路，就想到你的二号作品……以此类推，去联系，去对位，去锁定，去对接。只要不断演练，一定会有意想不到的效果。

●有胆量有自信才能挥洒自如●

胆量与演讲效果有无正比关系？我认为是有的。正所谓：不疯不魔不成才。胆子大的人容易放得开，也容易在演讲时挥洒自如。领导干部当众讲话的时候，如果念稿，心里还多少有几分底气，一旦脱稿演讲，心里就难免会打鼓，从而影响正常发挥。我们也常常看到，有的人平时在台下讲话滔滔不绝，可一上台，面对几十人甚至成百上千人，就手心直冒汗，紧张得一句话都说不出来。一脱稿演讲就更严重了。这就是胆量不足惹的祸！

演讲者对于自我的确认，可以产生更加坚定的信心，可以带来更加敏锐的思维，可以使得自己的演讲身份被受众接受，而自我确认的过程，也是面带微笑、真心投入的过程，如果一个人认可自我，则一种微笑就会出现在他的脸上，这就是他传递出的自我确认的信号。

关于微笑,有一首小诗充分说明了它的非凡作用:

啊,微微一笑并不费力,

但它带来的结果却是那样的神奇,

得到一个笑脸会觉得是一个福气,

给予一个笑脸也不会损失分厘,

微微一笑虽然只需几秒,

但它留下的记忆却不会轻易逝去,

没有谁富有得连笑脸都拒绝看到,

更没有谁贫穷得连笑脸都担当不起,

微笑买不来,借不到,偷也偷不去,

因为只有在给人之后,才显露它的意义,

这就是微笑的真谛。

有一副可以让人终身受益的对联:

上联:心态好,事业成,不成也成

下联:心态坏,事业败,不败也败

横批：成败在你

这副对联将心态对事业的影响表达得淋漓尽致。可以说，一个不善于微笑、缺乏热情、没有激情、淡于才情、不懂得人情的人，是断然与成功无缘的。成功的演说家一定是具有热情、具有激情、具有才情、懂得人情的人。

因此，要想提高脱稿演讲的效果，必须锻炼自己的胆量，进而培养处变不惊的气度。那么，我们该如何锻炼胆量呢？

我认识一位王先生，他从事电子通信行业。以前，他性格非常内向，从来不敢当众讲话。后来，他升职了，必须要经常对众多下属讲话，同时还要常向自己的领导做工作汇报，这让王先生异常痛苦却又无法逃避。

为了锻炼自己的胆量，他在公交车站对等候公交车的人演讲，在乘坐地铁的时候对地铁里的乘客演讲……一个月下来，他笑言：大家一开始都把他当成精神病，但很快就被他的演讲精神打动，还有人在他演讲结束时给他一些小建议，这让他受益匪浅。

然而，对于领导干部来说，这样的锻炼方式会有些无法接受。那么，你可以平时多参加一些相关的团体活动，比如各种演讲沙龙、俱乐部等。也就是，寻找各种能在众人面前讲话的机会，不放弃每个上台的机会。而且，无论在哪种场合，想更好地锻炼自己的胆量，一定要看着你的听众。因为你可以从听众的眼神中看出，他们对你的话语是否感兴趣、是否认同。你可以借此多总结经验，以便下次的讲话更精彩。

有人说，你只要把台下的人当作白菜、西瓜、板凳，就不会害怕。可是，你面对众多长着眼睛的白菜、西瓜、板凳，岂不是更恐怖吗？甚至有人告诉我，他每次上台发言时，都把台下的人当作欠他钱的人。可是，面对欠你钱的人，你会心存感激吗？你会对欠你钱的人有好感吗？你会愿意与欠你钱的人做朋友吗？无论你怎样掩饰，你心中所想的内容总会无意地流露。更何况，台下的听众会仔细观察台上演讲者的一举一动，甚至有可能台下坐的全是你的上级或领导。

脱稿演讲，应该与台下的听众形成良好的互动。而互动过程中，没有什么方法比目光的交流更简便、更有效了。你可以大胆地看着听众的眼睛，传递你的想法，这样，你的演讲才会收到良好的效果。

很多时候，领导干部一提起脱稿演讲，就缺乏自信，害怕自己讲不好会当众出丑，尤其是在下属面前。在现实生活中，有些人才能卓越、智慧聪颖，但是无论业绩多么出色，在他们内心深处仍感到深深的恐惧和孤独。还有一些人，表面看起来十分有天分和才华，可实际上他们不过是在用全部的精力，为自己锻造了一副强大的心理盔甲，以弥补自身的难堪、缺憾和自卑。

我们要明白，任何人都不可能是完美的，在成长的过程中，每个人身上都存在着致命的弱点与不足。我们如果正视它们，不仅可以反思如何在工作中正确评估和发挥自己的才能，不要给自己太大的压力而影响到健康，也可以让我们在陷入某种困境时，找到问题的焦点，并迅速改正和弥补自身的不足。因此，即便你目前的演讲能力很差，但只要你能正视这一点，就可以对症下药，进而弥补不足和提高水平。

认识到自身不足，就是进步的开始，因为这可以让我们的目光触及更远的地方，让自己取得更大的成功。不过，我有个小小的建议：当你的信心还不足时，你可以从总结自己的进步之处开始。每次上台发言结束，都认真总结一下，自己在这次讲话过程中，有哪几个进步之处，有哪些地方还需要改正。这样做可以让你更充分地发现自身的优势与长处，从而在台上的表达更轻松自信。

另外，还有一个非常有效的办法叫山峰法则。一座山有多高取决于它的最高峰，一个人的成就有多大，往往取决于他的最强项。比如，让姚明与刘翔比赛，你猜谁会赢？答案是，看进行什么比赛了，如果进行篮球比赛，姚明会赢；如果进行跨栏比赛，刘翔会赢。人在台上的表现，也是如此。

●一个好的开场白等于成功了一半●

俗话说，好的开始是成功的一半。脱稿演讲时，设计一个好的开场白，就相当于成功了一半。演讲者的几句开场白，往往立即能让听众感受到生疏或亲切、高傲或谦和、矜持或洒脱。因此，开场白不能不加以重视。你要在演讲开始时就抓住听众，他们才会愿意听你接下来讲什么。如果开场都不吸引人，他们对接下来的内容很可能就没兴趣了。可以说，开场白对于演讲的成功与否，起着十分关键的作用。

举个例子，1980年钱钟书先生访问日本，11月20日在早稻田大学文学教授座谈会上即席做了《诗可以怨》的演讲。他的开场白如下：

到日本来讲学,是一个很大胆的举动,就算一个中国学者来讲他的本国学问,他虽然不必通身是胆,也得有斗大的胆。理由很明白简单。日本对中国文化各方面的卓越研究,是世界公认的;通晓日语的中国学者也满心钦佩和虚心采用你们的成果,深知道要讲一些值得向各位请教的新鲜东西,实在不是轻易的事。我是日语的文盲,面对着贵国"汉学"或"支那学"的丰富宝库,就像一个既不懂号码锁、又没有开撬工具的穷光棍,瞧着大保险箱,只好眼睁睁地发愣。

············

这段开场白,不仅拉近了钱钟书先生与听众的距离,也使"诗可以怨"这一深奥的问题变得生动有趣,在演讲者与听众之间实现了对话。

宋代词人赵长卿在他的作品《浣溪沙》中有云:"暖语温存无恙语,韵开香靥笑吟吟。"同样,老百姓也懂得"良言一句三冬暖,恶语伤人六月寒"的道理。演讲开场,先说一些能够拉近演讲者与现场听众距离的话，了解他们的疾苦，解决他们的问题，自然会得其心、领其行，收到良好的演讲效果。

不管什么主题的演讲，在开场以后，切记从小处着眼，以小见大，逐渐推广开来，才能收到更好的效果。不要一上来就唱高调，不然听众以为你又要说大话、空话，对你的演讲就提不起任何兴趣了。

● 有逻辑更利于听众理解和记忆 ●

有了好的开场白，后面的演讲内容只要围绕着开场白进行就好了。这时你还需要注意逻辑性。脱稿演讲不是随心所欲、毫无章法、逻辑混乱，为了保证脱稿演讲的质量，我们反而要比念稿时更注意逻辑清晰、条理分明。

你是否在演讲中听到过"首先、其次、然后、还有、另外、再补充一下、顺便再说一下"这样的字眼？当你听到这些字眼的时候，你的脑子里反映出来的是什么？演讲者试图用这些字眼把内容理成一条线，然而听众的脑子里恐怕还是一团乱麻。因为这样的语言和字眼只会增加大脑的负担，大脑真的很难记住这么多"首先、然后、其次、另外"等啰唆的词。

如果你说的是"第一、第二、第三……"，会不会更容易让听众记住呢？即便听众无法完全记住你到底讲了什么，至少他们很清楚地知道你总共讲了三点内容。因为，人的大脑对文字远远没有对数字那样敏感。

温先生是某政府职能部门的领导，以前开会时常常会讲很多的"首先、然后"之类的内容。结果他发现，他部门里的人常会不清楚他所讲的要点到底是什么。更糟糕的是，他为了让别人能记住他的观点，只好不断地重复。这样做的结果就是，别人认为他非常啰唆，而他自己也很累。

因此，领导干部要养成一个好习惯，在脱稿演讲时，一律采用"一、二、三"这样的方法，讲话的逻辑性将大大提高。而且，工作中凡是和介绍方式、方法、流程、工作布置与总结等有关的，都可以采用这种方法。

● 增强故事性更具说服力 ●

讲故事也是一个可以提高演讲水平的技巧。有些领导干部可能会奇怪，脱稿演讲的场合大都和工作有关，是非常严肃的，如果讲故事，会不会显得太儿戏，会不会给听众留下工作态度不认真的印象？其实不然，讲故事不仅仅是最好的训练表达的方式，同时也是最好的传播理念、增加说服力与号召力的工具。尤其是讲自己亲身经历的事情，常常更容易打动听众。

当然，领导干部在脱稿演讲的时候，不能讲一些离奇怪异的故事。但这并不妨碍领导干部用生动感人的故事打动听众。在日常工作中，领导干部不可避免地会接触到很多人和事。这些真实的经历可以成为很好的素材，用故事的形式表现出来。比如，在表彰会上进行脱稿演讲时，与其长篇大论地说些溢美之词，不如讲一讲被表彰者的真实故事，更能加深听众的印象，也使听众感同身受。

我在做口才与沟通培训时，听到过很多初学者提出这样的问题：讲故事和表达、演讲、口才之间到底有什么关系啊？特别是在开会或竞岗竞聘演说时，台下听众喜欢的是什么呢？是演讲者的口若悬河、文采风流，还是有血有肉、有强烈内心感受的内容呢？

回想一下，我们从小到大所能记住的做人道理也好，处世经验也罢，都是来自故事——自己的，或是别人的。这样一个又一个的故事，教会了我们太多东西，并让我们长久地铭记于心。故事的最大好处就是，避免了长篇累牍阐述大道理的枯燥乏味，而又便于人们记忆和采取行动。

在今天，我们经常看到的演讲，不论是宗庆后的、雷军的，抑或是比尔·盖茨的，哪一个不是在讲述故事？著名的马丁·路德·金的演讲——《我有一个梦想》，不也是在讲故事吗？而我们自己喜欢听的，到底是枯燥的社论性的言论，还是一个个充满了智慧、充满了趣味的故事呢？

而且，领导干部不要觉得身边没有什么惊世骇俗的可以讲的故事，其实柴米油盐之事，也是故事。试问，哪个人不食人间烟火呢？更何况，领导干部关心民生，不就是关心老百姓柴米油盐之类的小事吗？其实，用相似的经历，更容易引起听众的共鸣，这才是演讲的目的所在。

● 不断探索并形成自己的风格 ●

脱稿演讲，不是一朝一夕的事，而是需要不断精进的。所以说，领导干部进行脱稿演讲，并不是短期行为，不管有没有明确要求，都应该在工作中持之以恒。而在这个过程中，形成自己独特的讲话风格非常重要。

没有人喜欢千篇一律的程式化演讲风格，因此要形成自己的演讲风格，并努力尝试把自己最精彩的一面展示给听众。

"Be yourself, everyone else is already taken."（做你自己，其他的角色已经有人在演了。）是的，世界上没有完全相同的两个人，每个人都有自己的个性和特点，正是这些不同才组成了这多姿多彩的世界。所以，一场能够打动人心的演讲，绝不是程式化的演讲。我们应该努力挖掘自己独特的个性特质，并善于把它表达出来，形成自己独有的演讲风格，塑造自己鲜明的形象特征，才容易被他人接受和认可。

然而很多时候，我们是不了解自己的。因此，便无从判定自己到底该走何种路线。其实，在最初练习的阶段，我们不妨找一些与自己气质、习性相近的名人的演讲视频，反复观看，勤于总结，并适当地加以模仿，要知道人类主要通过模仿获取知识。如果这种演讲方式让自己舒服，就可以不断融入自己的个性和特质，从而形成自己的风格。

个人演讲风格的形成是一个自然而长期的过程，并非一蹴而就，需要长期坚持和不断地练习。其实任何一件事情都是如此，只有持续不断地练习才有可能达成目标。此外，切忌为了追求所谓的独特风格而刻意表演，其结果只能适得其反。

著名学者钱钟书虽然在正式场合的演讲次数并不多，但他仍不失自己独特的演讲风格,儒雅博学,有大学者的风度。他随口说出的典故,常令人猝不及想,这些典故有俗有雅、融会贯通。而且,他最善于从人们不易察觉的生活小事、俗言俚语中发现人生或艺术的大道理,启发人思考人类文化互相贯通的问题,从而产生浓厚的兴趣。

形成特定的风格,不仅在以后的脱稿演讲时可以轻松地确定主题和内容,还可以形成鲜明的形象,更易被大家接受。演讲风格是自然而然形成的,领导干部切不可为了追求风格而进行刻意的表演,这样会使演讲显得做作,听众听起来也会感觉别扭。

前面虽然介绍了许多脱稿演讲的技巧,但技巧再好,也离不开不断练习。这就好比学习游泳,无论你看了多少教人游泳的视频,无论你自己在脑中怎样琢磨与总结,都不如实际练习的效果好。另外,领导干部要想快速提高演讲的能力,还可以参加专业的培训班。经过专业集中的培训,能更快掌握脱稿演讲的技巧。自学所花费的时间与精力要比专业培训更多。

还记得"二八法则"吗?其实脱稿演讲亦如此。你是愿意选择需要花 80% 的时间与精力自学,最终发现只取得了

20%成果的方式,还是要选择仅需要20%的时间与精力,就可以达到80%成果的方式呢?大家在同一条起跑线上,你到底要选择哪种方式到达终点,完全取决于你自己。

02

体现应对能力的即兴发言

即兴发言的要点和难点

●即兴发言对口才的要求更高●

即兴发言，也叫即席发言、即兴讲话等，是指在特定的情境和主体的诱发下，自发或被要求立即进行的当众说话。通俗地说，就是在你事先没有准备的情况下发表的讲话。即兴发言，是一种不凭借文稿来表情达意的口语交际活动，演讲者事先并没有做任何准备，而是随想随说、有感而发、触景生情地演说。

领导干部在日常工作中，有很多即兴发言的需要，比如在会议中、接受采访时、参观或视察工作时，等等。即使是普通大众，在工作中也不时需要即兴发言。相对来说，生活中的语言表达以即兴为主，如同事之间一针见血的评论、朋友之间滔滔不绝的对话、酒席上要言不烦的祝词、谈判时有条不紊的应对，甚至你走在街头，都有可能遇到媒体记者的采访，或是调查公司随机调研的询问，等等。因此，即兴发言对我们每一个人来说，都非常重要。

即兴发言对一个人的口才要求很高，它不像脱稿演讲那样有充足的准备时间。所以，如果你没有即兴发言的技巧，遇事常会脑门充血、无言以对，或者说话颠三倒四、支支吾吾。其实，我们每一个人都希望能在社会舞台上充分展示自己，也希望自己在任何情况下都能说会道、谈吐有致。而领导干部，则更应该重视和培养自己这方面的能力。

● **即兴发言的四大特点** ●

第一，时间简短。

即兴发言是在毫无准备的情况下进行的，因此发言时间通常都比较简短。这是因为从发言者的角度来说，很少人能随时出口成章、滔滔不绝，即使是天生口才好的人，说得多了也容易成为我们通常所说的"忽悠"，很难做到言之有物。而从听众的角度来说，需要即兴发言的场合，听众多是未经过组织的，根本没有做好听长篇大论的时间和心理准备，发言过长往往会引起听众的反感。

第二，针对性强。

即兴发言要紧扣主题，即兴而发，针对性强，一般都会应时应景，有感而发，时境感强，没有人会天马行空地乱说一气。比如领导干部在视察工作时的即兴发言，肯定跟视察的工作内容有密切的联系。

第三，语言精练。

即兴发言虽然没有经过事前的准备，但仍要言之有物，内容具体而充实，不说大话、空话。

因此，即兴发言需要遵循"篇幅短小、抓住由头、迅速组合、言简意赅、达意为上"的基本原则。而且，还要做到有理有据，不能信口开河。另外，最好能做到逻辑清晰、条理分明，让大家很快就能明白你发言的核心思想。

第四，注重礼仪。

即兴发言时，一般离听众的距离很近，所以更需注重礼貌和礼仪，尽量做到谈吐文雅、落落大方。即使听众都是你的下属，你也不能盛气凌人。

● 即兴发言应避免的陷阱 ●

即兴发言，讲究亲和、贴近群众，最忌讳拿腔拿调、官腔十足。发言时，最好就与平时说话一样，或稍稍提高一点音量，以便大家都能听清。只有使用自然清晰的声音讲话，才能真正打动他人。同时，语言表达要简单清晰，切忌啰唆，否则只会失去听众。心理学家曾对人们最反感的话语内容做过调研，总结如下：

◆ 抱怨自己的命运，或夸耀个人的成就。

每个人都喜欢接受正能量，反感别人喋喋不休的抱怨。同样的，也不喜欢有人对自己的一点成绩大肆渲染，甚至不切实际地吹牛。

◆ 以心理分析家自居，对别人的一言一行都进行点评分析。

没有人喜欢被别人看穿，像个透明人一样。即使对方真是心理分析家，也不喜欢自己的言行举止被对方指指点点。何况对方只是以心理分析家自居而已。

◆ 自我膨胀，夸夸其谈。

有些人取得一点小成绩，就自我膨胀、目中无人，只知道对自己的成绩自说自话，根本不顾他人的感受，当然很容易引起听者的反感。

◆ 思想陈旧、古板，固执己见。

拒绝尝试接受新事物，听不进别人的任何意见。在生活和工作中，这样的人其实大有人在，他们只懂得回忆当初如何如何，对现在的变革和新鲜事物却视而不见。

◆ 言语冷淡，缺乏真诚和热情。

有些人总是一副拒人千里的姿态，语气冰冷生硬，让人感觉不到丝毫的真情和温暖。

◆ 过分取悦或阿谀奉承别人。

这种人完全没有自我，只会毫无底线地迎合与取悦他人，当然会令人反感甚至鄙视。

◆ 毫无主见，人云亦云。

没有人喜欢鹦鹉学舌的人，毫无主见只会让人轻视。

◆ 永远视自己为焦点人物，一副"舍我其谁"的狂妄姿态。

有些人能力出众，就以为自己无所不能，所以无论是在工作中，还是在生活中，都以自我为中心，狂妄自大，根本不把别人放在眼里。

◆言谈时态度不明,模棱两可。

◆言词逞强,喜欢咬文嚼字。

◆经常打断别人话题,影响他人说话兴趣。

以上这些情况,都是领导干部们即兴发言时应该尽量避免的。

即兴发言并非完全无准备

即兴发言虽然是无准备的演讲形式，但并不意味发言者就无计可施了。想要进行一次精彩的即兴发言并不是一件容易的事，广大领导干部一般没有受过专业训练，因此更需要在平时进行多方面的准备和积累。

●知识和材料的日常积累很重要●

演讲者的知识积累、兴趣爱好、阅历修养与演讲的成功有着紧密的关系。俗话说"书到用时方恨少"，只有学识丰富，才能在短暂的准备时间内从脑海中找到恰当的词汇、生动的例证、充实发言的材料，使即兴发言增添魅力。"知识就是力量"，只有用知识武装自己，讲起话来才能镇定自如，侃侃而谈。这就要求演讲者平时做个有心人，注意积累与自己所从事的工作相关的知识，了解日常生活知识，如风土人情、地理环境、历史文化等。另外，平时要多看书、上网，了解时事及热点新闻，开阔视野，即使与自己的工作不相关的一些重要问题也应经常关注，正所谓"家事国事天下事，事事关心"。

现在网络发达，古今中外的人文科学、自然科学知识在网上都找得到，广泛地阅读、收集、积累材料，每天坚持通过媒体了解五条以上热门新闻，不久你就会对较为热门的话题都略知一二，在即兴发言时也不会轻易卡壳了。同时，加强自我思想、道德、情感等各方面的修养。当然，这是一项长期、琐碎而复杂的工作。

通常，适合即兴发言采用的材料主要有以下几种：

第一，历史资料。

无论你在何地任职，都要首先了解当地的历史。上下五千年的华夏文化为我们积累了丰富的素材，我们最起码要熟记重要的历史事件、人物等有关知识，并分门别类地进行整理。同时，除本地的历史资料外，对我国其他省市及世界历史的重点知识也要略知一二。

第二,时事热点。

身为领导干部,必须了解当今国内外发生的重大政治、经济、文化、科技等各个领域的事件、人物等有关情况。不仅要了如指掌,而且要勤于思考每个热点事件背后的意义及产生的影响。

第三,文学资料。

多收集一些名人名言、俗语谚语、古典诗词、经典文学、寓言故事、时文政评等。如果能将这些内容不时穿插在讲话中,不仅可以使你的发言更加生动活泼,同时还可以彰显你的文化品位。

我曾经提出"个人魅力五个一",即一首诗、一首歌、一个故事、一个笑话、一副对联。这些内容,人们只要在日常生活中稍加留意就可以迅速掌握。大家都有唱歌的经历,不管是何年龄、职位、爱好,都能找一首适合自己的歌曲,并学会演唱。试想:当你能把一首歌唱得有韵味、一首诗朗诵得声情并茂、一个故事讲得起伏跌宕、一个笑话说得大家前仰后合、一副对联令人启发至深时,你的韵味、感觉、张力就会立即显现,一个鲜活的个人形象也就展现在大家面前。

所以你不妨试试:每周背会一首小诗;每个月学会一首

新歌;把所读的故事、经历的事件、看过的文章当作故事与家人、朋友、同学、同事分享;把网络中的流行语、杂志里的小幽默,甚至一些有意思的新闻,有选择地记入脑海;经常利用网络,结合自己的学习、生活、工作实践,每天消除一两个困惑,记住一些引起你强烈共鸣的内容。只要这样长期坚持和积累下去,你在即兴发言的时候,才能信手拈来、言之有物、韵味十足。

●口语表达能力可以不断提高●

有的人不仅天生口才好,普通话水平还很高,说话字正腔圆。这样的人在发言时就具备了优势。然而,如果没有这种先天优势,你应该怎么办呢?这就要靠后天的勤奋来弥补了。

良好的口才是演讲的第一步,说话要简洁明了、条理清晰、语速适中。在空闲的时候,你可以多跟中央电视台的新闻节目练口语,特别是普通话不太标准的人,一定要注意纠正自己的口音。另外,你还可以每天抽出一定时间,对着镜子练习不同内容的演讲稿,这样上台时就不容易紧张了。

勤能补拙,经过平时的这些练习,相信你的表达能力一定会有很大的提高。

为了对自己的吸气和呼气进行控制,你可以使用"数枣法"来练习,也可以用这种方法来检验。"数枣"绕口令的内容是:

> 吸一口气,出东门,过大桥,大桥底下一树枣,一个枣、二个枣、三个枣、四个枣、五个枣、六个枣、七个枣、八个枣、九个枣、十个枣、十个枣、九个枣、八个枣、七个枣、六个枣、五个枣、四个枣、三个枣、二个枣、一个枣。

一般应一次吸气或一次呼气将"数枣"绕口令说完。下面是一个和"数枣法"相类似的练习,但难度比"数枣法"更大,在训练吸气和呼气的同时还对发音提出了比较高的要求。下面这则绕口令的内容是:

> 走一走,扭一扭,见一棵柳树搂一搂;走两走,扭两扭,见两棵柳树搂两搂;走三走,扭三扭,见三棵柳树搂三搂;走四走,扭四扭,见四

棵柳树搂四搂；走五走，扭五扭，见五棵柳树搂五搂；走六走，扭六扭，见六棵柳树搂六搂；走七走，扭七扭，见七棵柳树搂七搂；走八走，扭八扭，见八棵柳树搂八搂；走九走，扭九扭，见九棵柳树搂九搂。

平时，我们可以调节语速为中速（每分钟200字左右），然后开始一次吸气或一次呼气地"数柳树"，并将练习的结果进行记录：

第一次数到了_____棵柳树，出现_____处错误；

第二次数到了_____棵柳树，出现_____处错误；

第三次数到了_____棵柳树，出现_____处错误；

第四次数到了_____棵柳树，出现_____处错误；

第五次数到了_____棵柳树，出现_____处错误；

第六次数到了_____棵柳树，出现_____处错误；

…………

然后，调节语速为快速（每分钟 300 字左右），然后开始"数柳树"，直到出现错误停止，并将练习的结果进行记录：

第一次数到了_____棵柳树；

第二次数到了_____棵柳树；

第三次数到了_____棵柳树；

第四次数到了_____棵柳树；

第五次数到了_____棵柳树；

第六次数到了_____棵柳树。

除了上述方法之外，我还将向大家介绍一些有效的方法。

比如按照科学的吸气、呼气、补气方法，对照一面镜子，反复练习，并坚持三周时间，可以有效提高演讲时的气息控制。

吸气：深吸气，收缩小腹，整个胸部要撑开，尽量把更多的气吸进去。注意吸气时不要提肩。

呼气：呼气时要慢慢地进行，要让气慢慢地呼出，可以把牙齿基本合上，留一条小缝让气息慢慢地通过。

补气：刹那间口鼻同时吸入少量气息作为补充，快且避免擦音。请大声朗读《珍珠鸟》全文，并在阅读的过程中注意语速、节奏、重音、停顿、变声、拟声等技巧的使用，然后对朗读结果进行记录。

珍珠鸟（节选）

真好！朋友送我一对珍珠鸟。放在一个简易的竹条编成的笼子里，笼内还有一卷干草，那是小鸟儿舒适又温暖的巢。

有人说，这是一种怕人的鸟。

我把它挂在窗前。那儿还有一大盆异常茂盛的法国吊兰。我便用吊兰长长的、串生着小绿叶的垂蔓蒙盖在鸟笼上，它们就像躲进深幽的丛林一样安全；从中传出的笛儿般又细又亮的叫声，也就格外轻松自在了。

阳光从窗外射入，透过这里，吊兰那些无数指甲状的小叶，一半成了黑影，一半被照透，如同碧玉；斑斑驳驳，生意葱茏。小鸟的影子就在这中间隐约闪动，看不完整，有时连笼子也看不出，却见它们可爱的鲜红小嘴儿从绿叶中伸出来。

我很少扒开叶蔓瞧它们，它们便渐渐敢伸出小脑袋瞅瞅我。我们就这样一点点熟悉了。

三个月后，那一团越发繁茂的绿蔓里边，发出一种尖细又娇嫩的鸣叫。我猜到，是它们有了雏儿。我呢？决不掀开叶片往里看，连添食加水时也不睁大好奇的眼去惊动它们。过不多久，忽然有一个更小的脑袋从叶间探出来。哟，雏儿！正是这小家伙！

● 思想有深度，讲话才底气十足 ●

许多领导干部都是科班出身，具有较高的思想水平，以及对事物的纵向分析认识的能力。

这一点毋庸置疑，而关键是要在即兴发言的过程中，把这些很好地表达出来。这就要求发言时，对内容能宏观地把握，通过表层迅速深入到事物本质上去认识，形成一条有深度的主线，然后围绕这一主线不断丰富资料，并连贯成文，以免事例繁杂、主题游离。但这种能力并非是能一蹴而就的，领导干部只有精通业务、深思熟虑、准备充分，在充分阅读、调研和思考的基础上，才能在讲话时底气十足、拿捏得当、恰到好处。这些都有赖于日常工作学习的积累，才会言之有物，令人信服。

● 迅速观察现场，及时捕捉有效话题 ●

在即兴发言前，要迅速观察场所和听众，摄取那些与发言主题有关的人物或景物，因地设喻，即景生情。并且，及时捕捉和收集现场的所见所闻，包括现场环境（时间、地点、场景布置）、有无其他发言人等，以增加演讲的即兴因素。

一般来说，就算是即兴发言，也总会有几分钟考虑的时间，所以要充分利用这几分钟的时间，尽快厘清思路、组织语言。这要求领导干部有较强的综合处理材料的能力，能在很短的时间里把符合主题的材料组合、凝练在一起。先想好框架，然后在框架中补充相关的要点，再为每一个要点想一句精彩的总结，最好再想一个能充分体现感情色彩的事例、一句幽默风趣的话、一位伟人或哲人的警句，以及所要阐述观点的核心词语，等等。总之，领导干部需要围绕主题，将各种材料排布在恰当的位置上，最后连贯成文。

●沉着应对各种临时状况●

即兴发言由于事前没有经过充分的准备，在临场时较容易出现意外，如怯场、忘词等现象。遇到这种情况，发言者应保持沉着冷静，拥有十足的信心，并有必胜的信念，这样，才能保证你的思路通畅、言之有物、情绪饱满、镇定从容。

讲话前紧张是自然的，应该正视这种紧张，并采用一些适合自己的方法，来有效消除紧张情绪。比如：深呼吸，全身放松，心里默数，这样可以使血液循环减慢，心神就会安定下来，全身有一种轻松感；闭目养神，用舌尖顶上腭，用鼻吸气，可以达到安定情绪、内心宁静、怡然自得的状态；凝视物体，确定某一物体，专注凝视，并去分析它的形状，观察其颜色与远近；喝一些饮料，或者讲话前准备一杯开水，这样可以增加唾液，保证喉部湿润，也可以稳定情绪。

使用以上方法，可以使你在发言时较为放松。你只要保持镇定自若的神情，敢于说话，不要怕，不要躲躲闪闪，不要因为说错话或思路中断而脸红窘迫，保持自己的微笑和自信，听众会原谅你的小过失。

即兴发言更需要有技巧

说话是一门口才艺术,而且是一门很重要的艺术。领导干部因为工作的需要,一定要好好掌握这门艺术。

但在实际工作中,不是每一个人都能掌握好这门艺术。有的人提起笔来洋洋万言、笔下生辉,说起话来却期期艾艾、不知所云;有的人博古通今、学富五车,说话时却结结巴巴、词不达意。

我们经常用"茶壶煮饺子"来形容那些肚子里有"货"却倒不出来的人。为什么会这样呢? 就是因为这些人缺乏即兴讲话的基本技巧。

●选准发言的主题是关键●

主题是即兴发言最重要、最关键的内容，是整个发言的根本依据。发言时，每个层次、每个段落的遣词造句，都要围绕主题展开。离题往往会降低讲话效果，引起听众的反感，以至于降低个人的威信。

因此，即兴发言的关键是找到切入点，临场发挥，及时提炼新颖而典型的主题。一般来说，即兴发言的主题离不开所参加活动或会议的主题。所以，要根据不同的会议、场合及自己的身份，选择并确定自己发言的题目。

发言之前，需掌握活动或会议的主题，对可能讨论的具体题目和争论的焦点，都要有很强的警觉性和思想准备。有了思想准备，还必须寻找一个恰当的话题能够与活动或会议的主体相符，而活动或会议的主题一般在参会前都可以了解，演讲者可以事先做好材料的准备，在即兴发言时，就不会心慌意乱了。

下面介绍几种提炼主题的方法：

第一，临场发挥，就地取材。

着眼于临场某一客观事物的特点和本质，或者选取现场的典型素材，进行主观联想，并把联想的内容用语言流利地表达出来。现场取材的内容，往往能给听众意想不到的效果。

> 著名相声演员马季，有一次到湖北黄石市演出。在他表演之前，有位演员错将"黄石市"说成了"黄石县"，引起了观众的哄笑。
>
> 接下来马季上台，对观众说："今天，我们有幸来到黄石省演出……"听了这话，观众糊涂了，怎么又变成"黄石省"了。正当大家窃窃私语时，马季解释道："方才，我们的这位演员把黄石市说成了县，降了一级，我在这里当然要说成省，给提上一级。这样一降一提，哈，就平啦！"

马季就地取材，即兴发挥，几句话就圆了场，使演出顺利进行。

第二，内心孕育，借题发挥。

当开展调研或检查工作时，从别人讲话中得到启发，萌生新的观点，这就成了孕育主题的素材。这种情况比较适合群体发言，后发言者可以根据先发言者的内容进行再加工或联想，不管是完善也好，还是批驳也好，都有据可依。

在一次主题是"作文与做人"的演讲比赛上，西藏日报社的记者白娟极富感染力地向大家讲述了自己作为一个记者的自豪，以及作为母亲的辛酸。她常年工作在雪域高原，每年只有三个月的时间能与儿子在一起，每次都是和儿子相处没有多长时间，又不得不分手。她的演讲情真意切，令人动容。

接下来上场的是中央电视台记者白岩松，他说："我是一个两岁孩子的父亲。我知道，一个孩子在一岁半到两岁之间，母亲不在孩子身边，对于母亲来说是怎样的一种疼痛。我愿意把我心中所有的掌声，都献给前面的选手。"话音刚落，全场报以热烈的掌声。

白岩松借前面选手的题材进行发挥，顺应了现场观众的心理需求，激起情感的又一高潮，不露痕迹地表现了自己的机智——把掌声献给别人的同时，也为自己赢得了掌声。

第三，角度创新，旧瓶新酒。

对同一个问题，从不同角度进行表达，使之更加新颖，也使自己的表达更出众。汉语非常丰富，许多事物都可以找到正反两种说法，而且是"公说公有理，婆说婆有理"。

所以，领导干部可以在即兴发言时，就约定俗成的内容进行创新，以收到意想不到的效果。但是要注意，阐述的观点应明确精练、正确深刻、为大家所能接受且言之有理。总之，角度创新的观点不能挑战法律和道德，更不能为了追求一鸣惊人而大放厥词。

●围绕主题巧妙构思、组合材料●

确立了主题之后，就要围绕主题精心组织材料进行论证。即兴发言无法在事先做充分的准备，完全依靠即兴抓取材料。其来源，一是平时的知识积累，二是眼前的人和事。而且，应该以就地取材为主，如过多地引用间接材料，往往会失去即兴发言的现场感和针对性，起不了应有的作用。只有多联系眼前的人和事，或是大家都知道的热点话题，才能紧紧抓住听众的注意力。那么，我们应如何有效组合即兴发言中的材料呢？

快速组合即兴发言的材料,就是要在极短的时间内解决好"说什么"和"怎样说"的问题。领导干部可以用以下四种形式组织自己的发言材料,还可以将这四种形式互相结合、灵活套用。然后,再考虑如何开头、如何过渡、如何结尾,以及主体材料应放在何处、次要材料应放在哪里、需要讲几个部分、是按时间顺序还是按空间顺序、是递进式还是并列式或其他形式。

第一,并列式。

将主题分解成若干个小点,每一点既各自独立又互相连贯,共同阐明同一主题。这种材料的组合方式可使演讲条理清晰,而且极有力量和气势。

第二,正反式。

围绕主题,从正反两方面进行说明,这种对比的方式,可以使发言的主题更鲜明、效果更突出,给听众的印象也更深刻。

第三,总分式。

先亮出自己的观点,然后分几方面进行阐述。这样的方式,可以使听众对发言者的观点有清晰明了的认识,有助于提升发言的整体效果。

第四，递进式。

围绕所要说明或论述的问题，先说明"为什么"，继而谈"怎么样"。内容层层递进、发人深省，以营造更好的发言效果。

●即兴发言更要短小精悍、逻辑严密●

即兴发言多是在一种激动的场合下进行的，没有人乐意听长篇大论，因此必须短小精悍、字字珠玑。即兴发言虽不能像演讲那样讲究布局谋篇，但也要结构合理、错落有致、逻辑严密、轻重得体、一气呵成，切忌颠三倒四、离题万里、拖泥带水、重复拉杂。

即兴发言要想结构合理，不偏离逻辑，就要在开头和结尾处多下功夫。即兴发言是一种需要根据现场情况临场发挥的讲话方式，所以开头没有固定的格式。发言者也不可过于死板，否则会限制发言的临场发挥效果。

开头可以用"开门见山式"，即先亮出主题，然后对主题做较详细的论证和分析说明。或者使用"曲径通幽式"，即先举例，再叙述主旨要点和理由，进行论证与分析。同时，为了使开头更活泼，还可以采取"引用式"，即引用名人名言、诗词歌赋等。另外，还可以用"设问式"，即用一个问题吸引大家的注意力。

即兴发言时，结束语用好了，能起到意想不到的效果。结尾可以采用"总结式""升华式""启发式""号召式"等方式。好的结尾就相当于画龙点睛，而不好的结尾却是画蛇添足。

这里简要介绍一种"话框加思达意"法，供广大领导干部参考。所谓"加思"，即构思过程中，在定好"话框"后，再选用精练简要的词语添加思想内容，以此更准确地传情达意，从而树立自己的讲话形象。

此法包括八框，分别是：

礼：礼貌话，客套语，礼尚往来。

境：说背景，论时空，谈天说地。

论：谈过程，说结论，自我品评。

道：摆事实，讲道理，顺理成章。

体：谈体会，说感想，抒发心得。

果：定成果，找失误，罗列事迹。

策：明政策，晓法规，拿出措施。

达：讲希望，提建议，表达态度。

●语言生动活泼，符合听众风格●

即兴发言还需根据听众的知识结构和文化修养，选用不同风格的语言。如果听众是工人或农民，语言表达要尽量朴实直白；如果听众是青年，语言表达方式要显得热情豪放；如果听众是知识分子，语言表达则要流畅入理；如果听众是干部，语言表达要力求准确认真。

这就要求领导干部平时善于学习人民群众生动活泼的语言，同时熟悉古人语言中有生命有韵味的文字，以及多吸收外国语言中的有益成分。在发言时，尽可能个性化、人性化，只有独特的、带有感情的讲话才会吸引人的注意力。但是，应注意不要谈论在场的人，而是要面对他们，同他们说话。而且，说笑话一定要小心谨慎，不可带有人身攻击，可以适当地进行自嘲，不可过分，否则也会引起听众的反感。

即兴发言的黄金模式

即兴发言,就是要见什么人说什么话,一定要把话说到对方的心里。生活当中,很多情况都不是涉及原则的,没有什么对与错,只要能传达感情就可以了。

有一次,我到一个地方演讲,刚下车就有一个大姐热情洋溢地走过来,激动地对我说:"李老师,您好啊!您还认识我吗?"

我说:"当然认识。"其实,我根本不认识她,可是她那么兴高采烈地冲我走来,一定是对我有着很深的印象。如果我说不认识她,或者想半天才说没想起来,结果可想而知,一定是尴尬万分、

> 不欢而散。我这种做法也不是"虚头巴脑",而是一种应有的人格素养。我不但装作认识她,还和她攀谈起来,问她:"您还在那儿住?"她说"是。"我又问:"您最近怎么样?"她说:"最近挺好的!"

这样一段对话,虽然没有涉及实质性的内容,但我们都觉得达到了对话的效果和目的。切记,生活中的事不能简单地区分对与错,即兴发言就是要这样见什么人说什么话才行。比如见到教授,你可以跟他讨论一些学术性的话题;见到同事,你则可以跟他探讨一下他的工作情况。

● **昨天、今天、明天** ●

即兴发言要想说得好,需要一定的应变、一定的积累。也就是说,要有生活,要有内容,要有准备,要有储备。但是,一般领导干部需要即兴发言的情况是多方面的,不可能准备得面面俱到。

当积累不够的时候,我们怎么才能把话讲好呢?这就要借用"三天",即"昨天、今天、明天",也可以理解为"过去、现在、未来"。对于任何问题都可以谈谈你以前怎么看、今天有什么新的认识、你觉得明天这件事情会有什么样的变化。这就是"昨天、今天、明天"的谈话模式。

即兴发言时，逻辑关系至关重要，力求层次分明、一听就明白。"昨天、今天、明天"这个模式，在即兴发言中应该怎么用？我用一个例子说明一下。

在我的家乡有一位全国拥军模范，她也是全国人大代表，在"神舟六号"发射成功之后，国家有关部门组织人大代表参观卫星发射中心，这位代表就被指定发言。她是一位村党支部书记，文化水平却不高。

于是，她出发之前给我打电话，询问她该怎么讲。我说："您就讲'昨天、今天、明天'——昨天，就是以前您怎么看待我们的航天事业；今天，就是参观卫星发射中心后有什么新的认识；明天，就是您觉得航天事业以后会怎么样。"

那天，这位代表果然就按照"昨天、今天、明天"这样一个递进关系，说出了自己的话，我觉得那天她的话说得特别帅气、特别率真，也特别有意思。她的发言如下：

　　同志们好！
　　　　以前我对航空航天技术不太了解，只是看《新闻联播》的时候，看到一按电钮，"唰"地就上天了，然后就看到电视屏幕上好像心电图似的波纹。后来就听到报告说正确入轨了，全国人民特别高兴。我就想这是好事啊，那我们就多按几回呗！

今天我们参观了卫星发射中心，看到了大家这么辛苦，发射架那么高，真是不容易啊！我是全国拥军模范，每到"八一"建军节的时候，就给子弟兵送背心。在这里，我也答应大家，送给在座的每位科学家一人一件背心。

我有一个侄女在北京航空航天大学读书。这个学校非常好，学生也都非常优秀。这些孩子，毕业以后就来到咱们的队伍里面，我们不愁人才。我就想我们的航空事业，以后一定会超过所有国家！

这位代表的发言，通篇没有说到航空航天方面的知识，但她的发言很有层次和逻辑。这就是"昨天、今天、明天"这个模式的威力。而且，这个模式可以放到任何一个环境里，比如，一个刚毕业的研究生，在单位的入职仪式上，可以这样说：

> 各位领导，各位同事：
>
> 大家好！
>
> 我是一个刚毕业的学生。可以说，在北京上学这几年里，我一直有一个心愿，就是毕业之后能来到这样的单位工作。
>
> 今天，我终于如愿以偿了。我想在领导的正确指导下，在各位同事的帮助下，更重要的是通过自己的不懈努力，我一定会为本单位做出自己应有的贡献！
>
> 现在，我不想讲太多，因为我想用自己将来的实际行动说明一切。在这里，向各位鞠躬致谢，请相信我，我一定会努力做出贡献的。谢谢大家！

这样的发言方式既简洁明了，又起到了应有的效果。

另外，我还想提醒大家：即使哪天临时接受访问，记者问到一个你完全不知道的话题，也不必惊慌失措，只需巧用"昨天、今天、明天"这个模式，从容表达即可。具体可以这么说：

> 谢谢这位记者朋友提的问题！您提出的这个问题我以前从来没听说过，您今天给我提出来等于给我敲了一个警钟。
>
> 按理说，在我这个位置上，我应该了解这方面的知识的。我还一直以为我挺爱学习的，也经常上网搜索各种资讯。现在看来真的是孤陋寡闻、贻笑大方了。不过我以后会关注这些问题，加强这方面的修养。我希望，在不远的将来，就这个问题能给您一个满意的答复。
>
> 关于这个问题，我就谈这些，谢谢！下一位……

这样的回答同样可以为你赢得尊重，也能很好地展现出你的风度。

遇到此类情况千万不要慌，要多仔细吸收、揣摩，平时经常实践、反复练习，养成良好的语感。这样，你讲话时就会应对自如，并给他人留下美好的印象。同时，永远要懂得

"知之为知之，不知为不知，是知也"的道理，古人云"师不必贤于弟子，弟子不必不如师，所谓闻道有先后，术业有专攻，如是而已"。说自己熟悉的话，有礼有节、大大方方即可树立自己从容大度的形象。

其实，无论是在校学生还是领导干部，不管从事什么样的工作，这样的学习和借鉴都是有意义的。

●祝贺、感谢、希望●

"祝贺、感谢、希望"这个模式用起来就更加顺手了，且几乎适用于任何场合的讲话。比如，一个集团公司的总部在上海，集团公司的李总到北京分公司出差，北京分公司的负责人是康总。李总来到北京，康总率众人举行了欢迎仪式。在仪式上，李总按照"祝贺、感谢、希望"这种模式发言，给大家以启发。

各位朋友：

　　大家好！

　　康总让我讲话，我也看到朋友们在底下议论

说李总来了,我们看看有什么新思想。我告诉大家,没有什么新思想。按理说今天我不是主角,在座的各位才是真正的主角。我想半年前,在康总的带领下,大家离开上海来到北京拓展业务,在短短的半年时间里面,我们的产品市场占有率达到了30%,这是一个了不起的成绩!请允许我代表总部,向在座的各位表示祝贺!

接下来,我想说感谢。谁没有妻儿老小?大家暂别家人到北京发展,离不开各位同人的家人的支持。刚才讲我们的产品市场占有率达到了30%,这意味着在座的同人都付出了巨大的心血,我对大家的付出表示感谢!

最后,提点希望。前几天,我听了洪昭光教授讲的课。他说健康是1,后边的房子、车子、票子都是0,再多的0也要有了1,才会起作用。哪一天当这个顶天立地的1倒下了,一切通通都归于0。因此,请各位注意休息,要懂得放松。尤其康总不要天天盯着指标,我不希望看到业绩提升了,大家的身体却垮了,这不是我们想要的。我

> 希望大家能在健康的前提下，把工作持续稳定地向前推进。
>
> 好，我就讲到这里。不用总部出钱，也不用康总请客，一会儿我来请大家吃顿便饭。今天我就讲到这里，谢谢大家！

这么一个讲话简单明了，却很有效果。其实，这样的模式小到家庭，大到国际政治场合都可以使用。下面，我就来举几个例子。

例一，儿子要结婚时，父子之间的一次对话，就可以用这样的模式。如果是我的儿子要结婚，我会对他这样说：

> 晨晨，转眼就二十多年过去了，你已经长大成人了。今天是你大喜的日子，小芳是你的大学同学，你们俩在一起我是放心的。爸爸向你们表示祝贺！
>
> 然后，我想说感谢。这么多年，我总是飞来飞去，在全国各地演讲，好像在忙多大个事儿似的，其实并不算什么。这么多年，你给予了爸爸

很多理解和支持，你的学习基本不需要爸爸操心，同时你的妈妈也给了我那么多支持。请把这份谢意转达给妈妈。

最后，我提点希望。结婚意味着责任，小芳是大学生，各方面都很优秀。既然你们结为夫妻，成了一家人，就应该承担各自的责任，对家庭负责。有什么事儿多沟通多交流，希望你们过得越来越好！

今天不多讲了，在这个特别的日子里咱爷俩干一杯！

例二，一个大学教授要结婚，他邀请了自己从小到大的朋友，这个朋友是一个青年工人，到场后青年工人用"祝贺、感谢、希望"说了一段话。

大家好！我是强子的中学同学，应该说这是我的强哥了，我们一块儿长大的。他是大哥，现在是教授，我是一个在工厂工作的青年工人，我对强哥和嫂子走到一起，表示祝贺！

接下来，我想说感谢。我昨天在上海的时候，我妈就给我打电话，说强子结婚，要我一定要赶回来给他道喜、喝杯喜酒。接着，我在机场刚下飞机，又接到了我妹妹的电话，她说强哥在某某饭店举行仪式，叫我一定要赶到现场。在这里，我对强哥和嫂子的再三邀请，表示感谢！

过去，强哥一直很关照我、支持我、鼓励我。人家说"娶了媳妇忘了娘"，希望强哥不要"有了媳妇忘了兄弟"。我真心希望你们能过得好、过得幸福！最后，希望你们早生贵子、白头偕老！

好，我借花献佛敬各位一杯！

例三，在我近期的教学过程中，有个案例值得一提。

在清华大学深圳研究生院的课堂上，我同大家分享了这两个即兴发言的黄金模式。我说："这样的模式哪里都可以用，任何场合都可以用。大家仔细想想，给大家10分钟时间考虑，结合你的实际，套用这样的模式，形成自己的谈话风格。"

给学员们布置好任务后，我出去喝了杯水，等我再次返回教室时，教室内50多位企业家学员，眼睛齐刷刷地看向我。

这时，有位同学走上讲台递给我一个纸条，我展开一看，上面写的是："这两个模式，真的很好！为我们即兴讲话提供了样板，谢谢老师！刚才您说，任何场合都可以用。请问老师，在追悼会上，如何运用'祝贺、感谢、希望'呢？"

我看完，脑子一阵晕眩，不是很有底气地说道："别呀，换个模式。"然而，却遭到他们的齐声反对："老师，刚才您说哪儿都可以用的！"我说："是能用啊……"他们接着问："怎么用呢？"那天，我算是真正体会到了教学相长的道理。当时，学员们挤对得我这个老师浑身是汗，差点下不了台。

后来，我想到了一个办法，拿了一本书，对同学们讲道："讲话呢，要有针对性。追悼会上运用这样的模式，那也看追悼谁。在这儿，咱们就拿姓李的举例吧。比如说，你的导师李老去世了。你来到哀乐低回的地方，面对导师，痛诉一切。"

李老，您走得太匆忙了！您历经十年心血，一直期待着这本专著的出版，但最终您也没有亲眼看到。

李老，您知道吗？在您病重期间，××出版集团用最快的速度出版了这部专著。李老，您知道在全国各地有多少读者在等待着拜读您的作品吗？在此，请允许弟子向您表示祝贺！（说完一鞠躬。）

　　李老，这些年来您对我们中青年一代，都是手把手地传帮带。每次到您家里，师母也对我特别好，每次都问我是否吃了饭，如果我没有吃饭，无论多晚师母都会给我煮面条吃，还一定要再加两个鸡蛋。在此，对二老的教诲和提携，我要表示由衷的感谢！（说完二鞠躬。）

　　李老您放心吧！我们会团结起来，把这门学科发扬光大的，希望您一路走好！（说完三鞠躬后，挥手作别。）

而此时的课堂上，大家早已泪光闪闪、一片肃然。

例四，在重庆的一个课堂上，我讲完这两个即兴发言模式后，有学员提问："老师，我想向您请教，明天我妹妹结婚，父母在山区来不了，让我代表家长讲话，我应该怎么说呢？"

我说:"你就按照'祝贺、感谢、希望'来讲,明天你真情实感地表达出去就好。"然后,我给他做了一下示范:

各位亲朋好友,大家好!

我是新娘子的哥哥,看到妹妹和妹夫站在一起是那样的般配,我真为他们感到高兴!今天是他们大喜的日子(目光转向一对新人,大声地喊):"妹妹,哥哥向你表示祝贺!"

在此,我还想跟亲朋好友们说说,妹妹只比我小两岁,但在这些年里,她早已担起了家里的重担,照顾父母,料理田地,还中途辍学,支持我完成大学学业并留在城里工作(此时,又转向妹妹呼唤道):"妹妹,哥哥真的很感谢你!"

妹妹,哥哥在这里也提点儿希望。结婚了意味着责任,夫妻之间要互敬互爱,你也要好好孝敬公婆。咱父母那边你就别太操心了,我和你嫂子会经常回去看望他们。我们只希望你们能过得好!在这里,我也要祝福今天到场的每一位亲朋好友,把今天的喜庆带回去,把各自的日子过得

> 幸福安康!
>
> 　我也不太会讲话,就敬大家一杯酒,我先干为敬!

另外,我要特别提醒大家,这两个模式一定要反复练习,才会熟能生巧,给我们解决很多即兴发言的问题。

所有语言都大大方方,有礼有节地展现,并充分表达了自己的所思所想,这是即兴发言应达到的效果。大家不管从事何种工作,采用这两种模式,基本都能言简意赅、逻辑严密地表述自己的所思所想,这也是领导能力的展现。

即兴发言,是说自己的话,站在自己的角度去说话,讲别人没有讲过的,表达出自己的真情实感就可以了。就像电影镜头一样,有远景、全景、中景、近景、特写之分,表达的内容也会不一样。每个人都可以从自己的角度,表达你想说的内容,只需灵活运用"昨天、今天、明天""祝贺、感谢、希望"即兴发言即可。

当然,你也可以结合自己的实际情况,打造新的发言模式,创造出自己特有的发言风格。

03

提高表达能力的基础训练

雄辩滔滔并非与生俱来

说对话、会说话不是一种与生俱来的本能，而是一种后天习得的能力。需要经常进行相关训练，主要包括口语表达技术、逻辑思维训练等。

古希腊演说家德摩斯梯尼天生口吃、嗓音微弱，还有耸肩的坏习惯。在常人看来，他似乎没有一点当演说家的天赋。因为在当时的雅典，一名出色的演说家必须声音洪亮、发音清晰、姿势优美、富有辩才。为了成为卓越的演说家，德摩斯梯尼付出了超乎常人几倍的努力，经过了异常刻苦的学习和训练。

他虚心向著名的演员请教发音的方法后，找来一颗小鹅卵石含在自己的嘴里练习发音。本来说话就不清楚的他，含着鹅卵石说话就更听不清了。但他通过艰苦的努力和训练，最终战胜了这一困难，即使含着鹅卵石说话也非常清楚。吐出鹅卵石，说话简直达到了炉火纯青的地步。气不够用，他就边朗诵诗歌，边往山上跑。最后，他克服了缺点。此外，德摩斯梯尼不仅训练自己的演说技巧，而且努力提高政治思想和文学修养。他不断研究古希腊的诗歌和神话，背诵优秀的悲剧和喜剧，探讨著名历史学家的文体与风格。

经过十多年的磨炼，德摩斯梯尼终于成为一位出色的演说家。他的内功有了——丰富的学识和思想见地；他的外功也有了——口才练成了。当然，只要他一登台演讲，人们的掌声总会像暴风雨般响起来。后来，他的演说词还结集出版，成为古代雄辩术的典范，打动了千千万万读者的心。

● 练出圆润动听的好声音 ●

对于演讲来说，有副好嗓子，就成功了一半。但不是每个人都有好嗓音的。不过勤能补拙，先天不足可以靠后天来补。领导干部可以通过一些练习，使自己说话字正腔圆，富有感染力。

领导干部在工作中，需要发言的机会很多。而不少人讲话时间稍长一点，嗓子就哑了。这是为什么？一是没有气息支持，应常练深呼吸；二是不懂得嗓子的保健，以及声带按摩。下面我为大家介绍练声的三个步骤，供大家参考借鉴。

第一步，预声带——发气泡音。

预声带，就是对声带进行预热。我们知道，声音是由气流冲击声带，从而产生振动才发出来的。预热声带，就是用最小的气息冲击声带让它振动，给它以按摩，达到调整和保养的目的。

吸气以后嘴微开，让气流缓慢冲击声带，不表达任何明确的意思，只是听到一串类似气泡的声音，就像平静的水面咕嘟出一串串的气泡来，所以称为气泡音。按此法练习，时间一长，声带会变得很松弛、很柔韧、很健康。随时随地多练习，就能逐渐养成习惯。还可以在嗓子感觉疲劳时，忙里偷闲地练练，以缓解疲累之感，塑造出圆润、饱满、响亮的声音来。

第二步，练嚼肌——开口嚼，闭口嚼。

大多数时候，我们基本都是一个表情，于是面部肌肉越来越僵硬，表情达意也不灵活，一副呆板模样。所以，需要多练嚼肌，即开口嚼一阵，闭口嚼一阵。甩开腮帮子，想怎么练就怎么练。长期这样练习，面部肌肉就会越来越活跃，表情会更加丰富，也更具表现力，你传情达意的效果自然会更佳。

第三步，挺软腭——吃苹果，学鸭叫。

口腔的上半部分叫上腭，上腭的前半部分叫硬腭，后半部分叫软腭。从发声角度来讲，要圆的不要扁的，要竖着的不要横着的。也就是说，当软腭挺起来的时候，发声就有了感觉，就有了传送的条件。如果不挺起来，就是平的，讲起话来会感觉干瘪、含糊，声音送不出去。你不妨试试，感觉一下自己是怎样的状况。

挺软腭，是人们发声、传播、沟通、交流中的一个重要环节。怎么使软腭挺起来？请想象你手上拿着一个大苹果，第一口怎么吃，模拟一下，然后定格。一般这个时候，软腭就是挺起来了。另外，还可以用一个方法，就是直接学鸭子叫，"嘎……嘎……嘎……"这时，软腭也会挺起来。

软腭一挺起来，人的声音马上就变得圆润。所以，艺术院校的学生经常练声，就是为了使自己的声音更圆润、动听。

● **有力度才震撼人心** ●

我们都知道，从小拜师学曲艺的人，有很多传统的段子都能倒背如流。在"梆"（bang）这个极短的字节里，就分成字头、字腹、字尾。所以，要发出清脆、饱满、悦耳的声音，必然要下一番苦功。

在播音系的训练中，对吐字的要求就是，每一个字都像嘴里含着的乒乓球，都要掷地有声才行。只有这样才会圆润，才会有感觉，才会有力度，才能震撼人心。吐字要经常练习，不能含糊不清，最好把一个字分字头、字腹、字尾去练。

在此，我想告诉大家一个要诀——咬字千斤重，听者自动容。这就是说，吐字发声可以慢一点，声音大一点，咬字重一点。在说话的时候，力求语速慢而有力，吐字真而有型，声音大而隆重，眼神独而诚挚，手势帅而贴切。我们如果按照这个要诀讲话，就很容易感染别人。

● **让声音传遍每个角落** ●

有时，我们会感觉声音发不出来、送不出去，碰到这种情况该怎么办呢？有一个超负荷训练法，即最好是在清晨跑步或爬山的时候，在气喘吁吁中高声讲话、大声讲话。我们称之为声音响度训练。

我们常常看到，田径运动员在训练时腿上会绑着沙袋跑步，一公斤、两公斤、三公斤、五公斤……逐渐加码。也就是说，他们每抬一次腿都很吃力，相当不容易。这样持续训练一段时间后，当解开沙袋跑步时，运动员会跑得特别轻快，这就是超负荷训练法。

对于口才训练来说，在气喘吁吁的状态下高声讲话，也属于超负荷训练。什么叫气喘吁吁？比如，我们爬完山，累得上气不接下气、气喘如牛、挥汗如雨。这时，即使对方近在咫尺，也要大声讲话，最好是喊出来，比平时的声音高八度。这样的练习之后，当气息恢复正常时，你会感觉很清爽、很舒服，从而很容易达到清晰表达的目的。

另外，在气喘吁吁的状态下背诵诗词，也是很好的训练。比如，背诵"好雨知时节，当春乃发生，随风潜入夜，润物细无声"。当你爬山疲累、喘气不匀的时候，念出来的诗可能疙里疙瘩、忽轻忽重，让人听来不知所云。如果你的目标明确地不断精进，最后回馈给你的，说不定是如播音前辈夏青、方明般美妙的声音。经历过气喘吁吁状态下的训练后，待气息恢复正常，你的吐字就会字正腔圆、抑扬顿挫。

●勤做活舌操让你舌头灵活●

活舌操，是所有艺术院校、文艺团体，凡涉及台词的地方，都非常实用的一个训练方法。活舌操，是锻炼舌肌的口腔操。坚持日久，必定会口齿伶俐、清晰流畅。

活舌操分为七节：

第一节，嘴微开，舌尖抵上齿背沿上腭向后钩。

第二节，舌尖抵下齿背，舌面拱起沿上齿往外突，同时用上齿轻叩舌面。

第三节，双唇紧闭，舌尖顶左右腮，左右开弓，由慢到快。

第四节，舌头沿上下齿外围转圈，先顺时针转几圈，再逆时针转几圈。

第五节，将舌头伸出嘴外，舌尖向上卷，目标是尽量能碰到鼻尖。

第六节，嘴张开，腾出空间让舌头做伸缩运动，做弹舌状。

第七节，嘴半张，伸出舌头做水平横向运动，使两边舌缘分别触到两边嘴角。

在平时的训练中,当我们看到镜子时,可能会觉得自己的表情不够雅致。但请永远记住:认真的就是美丽的,敬业的就是美丽的。在我的培训班上,那些受训的学员,好多都是年轻爱美的姑娘。但在课堂上,每一个人都拿着镜子在练习吐舌头,有板有眼,认真努力。这是一个保健口腔、促进表达的重要方法。而且,很多上市公司的老板,在练的时候也都是很专心致志的。这就是一种认真和敬业,是一种美丽和魅力!

在训练时,需要注意的是:每次做这七节活舌操,每一节都要做七遍,收到的效果会很明显。同时,在做各小节的训练时,须注意:

做第一节时,其实就是尽量把舌头往后卷,去碰喉咙。当舌头卷起来后,舌头下面的筋会觉得疼,这是因为我们太缺乏锻炼。多练习一段时间,就会好转。

做第二节时,要把舌头完全伸出来,不要去管舌苔怎么样。

做第三节时,双唇紧闭,舌尖顶左右两腮,左右开弓,越来越快。这一节相对是比较简单的。

做第四节时，舌头沿上下牙齿外围转圈，也就是用舌面去刷牙。顺时针转，再逆时针转。

做第五节时，将舌头伸出嘴外，舌尖向上卷，目标是碰到鼻尖。虽然大多数人都够不着，但是没有关系，尽量去做就行了。尽力伸舌头，就能给舌头以柔韧度的训练。有人说，"三寸之舌，强于百万之师"。想要达到这样的效果，就要多锻炼它，让它有力度、有感觉。

做第六节时，嘴张开，尽量腾出较大的空间，让舌头做伸缩运动。我们可以想象一下青蛙，当苍蝇从它面前飞过的时候，它会以极快的速度伸出舌头一卷，然后又快速收回。让舌头做伸缩运动，频率不需要太快，但要做到位。

做第七节时，嘴半张，伸出舌头做水平横向运动，就是伸舌横摆，也是很简单的。

这七节内容，对于我们的口腔打理是非常有效的方法。常练深呼吸，常练活舌操，也会让你的身体越来越棒。

然而，任何一个好方法，如果你"三天打鱼，两天晒网"，不去坚持，肯定是不会有成效的。基本功是每个人都要坚持练的。领导干部必须认真对待，才会有明显的效果。如果觉得这套操有损形象，不好意思练的话，其实完全可以找一个没人的地方偷偷练习，比如去卫生间时、晚上临睡前。相信只要持之以恒，一定会很有效果。

● 绕口令不能一味求快 ●

绕口令，我们从小就在学，基本上人人都能说出"吃葡萄不吐葡萄皮，不吃葡萄倒吐葡萄皮"等。但是，我们以前大都没有正确的指导思想，只是一味求快，为了快而快。结果，还不会走就想跑，自然无法达到提高表达能力的目的。

一般情况下，播音主持专业的学生在校期间的声音训练主要分为三个阶段：第一个阶段，练绕口令，使嘴皮子更溜；第二个阶段，练朗诵诗词，因为绕口令练得时间长了以后，容易忽略意义和情感的表达；第三个阶段，分门别类地根据专业需要进行新闻播音、专题片解说、影视剧配音、独白、旁白、对白、朗读、朗诵、现场采访、情景再现、内在语、停连、重音、语气、节奏等有针对性的练习。如此修炼，循序渐进。

绕口令，在口语训练中，既有趣又有效，对纠正发音、锻炼舌肌十分有益。说绕口令要求清、准、快、连，即清晰、准确、快速、连贯。下面，我为大家提供几个较有针对性的绕口令，平时可以多练一练。

n 和 l 不分者练：

牛郎恋刘娘

刘娘念牛郎

牛郎牛年恋刘娘

刘娘年年念牛郎

郎恋娘来娘念郎

念娘恋娘

念郎恋郎

念恋娘郎

h 和 f 不分者练：

灰化肥

黑化肥

灰化肥发黑

黑化肥发灰

灰化肥挥发会发黑

黑化肥发灰助花飞

z、c、s 和 zh、ch、sh 不分者练：

四是四

十是十

十四是十四

四十是四十

谁说十四是四十

就罚谁十四

谁说四十是十四

就罚谁四十

讲话、练绕口令，都需要绘声绘色，进入角色。只有投入地去做一件事，才会有好的效果。上面我们提供的几个绕口令，有 n、l 不分的，有 z、c、s 跟 zh、ch、sh 不分的，还有 h、f 不分的，每个人可根据自身情况，有针对性地去练习。还可以找一个发音非常准确的朋友，看他发言时的口型，自己尝试模仿，从一点一滴练起，坚持下去，定能水滴石穿。

我们还可以用以唱练说的方法，把一些很难的绕口令，配上熟悉的旋律唱出来。这样，当你由唱恢复到说的时候，就会明显提高很多。比如，下面这个分音诗训练：

向着苍天歌唱，不再伤心沮丧，
不要张狂和肮脏，实事求是茁壮成长。

● 更易进入角色的朗读式训练法 ●

朗读式训练法，是美国前总统亚伯拉罕·林肯曾使用过的训练方法。其做法是：低声→高声→快速→模仿角色→面对听众。这样的训练不仅使林肯获得了超凡的口才，也成为他由律师迈向总统宝座的重要基石。

这一训练法的主要意义在于，通过朗读练就口才，朗读会增加语言的韵味。找一篇优秀的散文作品，每天去读它，或者看电视的时候，跟着字幕一起说。拿到一篇作品，先低声读一遍，熟悉这篇文章的脉络，然后高声读出来，再快速表达，接着模仿角色，最后面对观众。这是一个训练口才的好办法。

比如，经典影片《高山下的花环》中，雷军长的一段战地讲话：

> 我们的大炮就要万炮齐鸣，我们的装甲车就要隆隆开进！我们的千军万马就要去杀敌！就要去拼命！就要去流血！可刚才，有那么个神通广大的贵妇人，她竟有本事从几千里之外，把电话要到我这前沿指挥所。她来电话干吗？她来电话要我给她的儿子开后门，让我关照她儿子！走后门，她竟敢走到我这流血牺牲的战场上！我在电话里把她臭骂了一顿！我雷某不管她是天老爷的夫人，还是地老爷的太太。走后门，谁敢把后门走到我流血牺牲的战场上，没二话，我雷某要让他儿子第一个扛上炸药包，去炸碉堡！去炸碉堡！

对雷军长的这段讲话，在念的时候，你就要进入角色。演绎上文，必须铿锵有力、义正词严、态度明确，以收杀一

03 提高表达能力的基础训练

做百之效果。要知道，如果能稍微借鉴一点电影和电视中艺术的内容，你的表现就会截然不同。艺术是源于生活又高于生活的，它可以让我们得到提升，让我们得以借鉴，从而将自己的生活过得有声有色、多姿多彩。

生活中，每个人都扮演很多角色，或许你在家是父亲，是丈夫，在父母面前是儿子，在单位是领导。在生活中要想做好所有事情，必须进入角色，以及不断训练自己在任何场合迅速进入角色的能力。作为教授就要把教授的角色在讲台上演绎得淋漓尽致，作为儿孙就应该毫不犹豫地孝敬长辈。每个角色都有这一角色的本分。

又如，电视剧《亮剑》中李云龙的一段经典台词：

> （对战士说）我们团要像野狼团，我们每个人都要是嗷嗷叫的野狼！吃鬼子的肉，还嚼碎鬼子的骨头。狼走千里吃肉，狗走千里吃屎，咱独立团啥时候吃肉，啥时候改善伙食啊？那就是碰到小鬼子的时候！（战士哈哈大笑）

李云龙的语言极具鼓动性，几句话就把独立团战士低落的士气调动了起来。不仅让战士克服了对鬼子的畏惧心理，还鼓舞了战士的斗志。所以，你在朗诵这段的时候，也应该是充满干劲和斗志的，否则就不能表达出这种气势。

有人曾经说过，"人生在世，都愿意做一个不简单的人"。什么叫不简单？把简单的事认认真真地做好，这个人就不简单。什么叫不容易？把大家公认为特容易的事情认认真真、兢兢业业、不折不扣、任劳任怨地去做好，这个人就不容易。所以，干什么事都要进入角色，而进入角色要有很好的心态，懂得"人生在世定位很重要，不因自卑不到位，不因自傲常越位"的道理，对速读训练非常有益。

通过这几段台词的演练，进一步说明进入角色是很重要的，每个人在世上都有很多的角色，此刻是老师，另一刻是学生；在妻子的眼里是丈夫，在儿子的眼里是父亲，在父亲的眼里是儿子，因此一个伟大的人提出来的"心态好，事业成，不成也成；心态坏，事业败，不败也败"是很有道理的。成败在于心态，成败在于每个人自己。

凡讲话的时候，要想更具感召力，更有影响力，嘴说到什么的时候，脑袋就要像过电影似的有画面感，让这些画面在脑海中流淌，深深地影响自己。经典节目《动物世界》中很多台词都能让人产生画面感，例如，"夕阳西下的非洲大草原，富饶辽阔美丽多姿，碧绿的青草散发着迷人的幽香，各种动物在尽情地奔跑着，跳跃着，一切都显得那么生机勃勃"。

再如贺敬之的《桂林山水歌》："云中的神啊，雾中的仙，神姿仙态桂林的山！情一样深啊，梦一样美，如情似梦漓江的水！"诗句文情并茂，是值得反复练习的典型训练内容。

另外，领导干部平时还可以多读一些古诗词，古诗词的朗读可以让我们的发音更标准，还可以让我们更容易掌握语言的节奏，最主要的是，能提升我们的内在素养，增加对语言的理解力与感受力。

● 讲道理不如讲故事 ●

讲道理不如讲故事，讲故事要先讲名人的故事，然后从讲名人的故事讲到普通人的故事，再从讲普通人的故事讲到身边人的故事，从讲身边人的故事讲到自己的故事。

你在单位或在家里运用讲故事的方法，往往会说明和解决很多问题。那些有成就的人大都是讲故事的高手，通过故事讲共同愿景，讲大目标、大理想，以达到深入浅出、凝聚人心的效果。

领导干部应善于讲故事、描绘美好的前景、给大家指明方向，善于删繁就简，把复杂的内容讲得简明扼要、通俗易懂，而又发人深省。并且，有头有尾地讲一个故事，是你的功夫所在。

"老虎不在家，猴子称大王。"相信大家都知道这句话。但它是怎么来的，各位知不知道？如果大家不知道的话，就由我来告诉各位。

在一座深山里，有一对老夫妻养了一头驴。这头驴膘肥体健，人见人爱。没承想，这头驴被山里的小偷和老虎同时惦记上了。在一个月黑风高的晚上，老虎来吃驴，纵身一跃来到了院内，它刚一着地，突然听到老两口在对话。

老太太跟老爷子说："老头子，听外面有动静，门闩好了没有？不要让老虎进来把咱们的驴吃了。"那天正好下着点雨，老头说："老虎倒不怕，就怕下雨时间长了屋漏。"老虎刚一着地，听到的是"老虎倒不怕，怕屋漏"。

正在这个时候小偷来偷驴，纵身一跃也来到院内，刚一着地就发现一个庞然大物，他觉得这就是驴。于是纵身一跃骑上了虎背，老虎就在想："这是谁呀？肯定是'屋漏'，于是拔腿就跑，越跑越快。小偷骑着老虎开始时觉得挺美，心想这头驴偷得太值了。天蒙蒙亮的时候，突然发现胯下不是驴是老虎，我们有个成语就叫"骑虎难下"。

然后，小偷想逃命，路过一棵树下的时候，他费了很大的力气，"嗖"的一下抱住了一根树杈子，然后三下五下爬上了树顶，在那儿打哆嗦。老虎觉得身上轻了，但不敢停下来，气喘吁吁地来到深山。结果被猴子看见了，猴子问："虎大王，何事惊慌？"老虎就把碰到"屋漏"的事，一五一十讲给猴子听。猴子很聪明，心想哪儿有"屋漏"啊，便说："虎大王，您带我去看看，如果是'屋漏'，我就冲您眨眼睛，然后您再跑不迟，如果不是，别让人给你蒙了。"

老虎一听觉得非常有道理，猴子骑上了虎背，大摇大摆来到现场，还差老远就看那个人还在树上打哆嗦。这时，老虎也哆哆嗦嗦地告诉猴子那就是"屋漏"。猴子想果然不出所料，这哪里是"屋漏"啊！但它一想到老虎平常老欺负它，就想借此机会敲打敲打老虎。于是，它非常认真地下来，冲老虎直眨眼睛，只见老虎"唰"一下就跑了。

话说一个星期之后，猴子和老虎又在山里碰头了。老虎问猴子："'屋漏'呢？"猴子说："'屋漏'谁也不怕，就怕我猴子，我一去他就跑了。"这时候，老虎很惭愧，觉得自己是百兽之王，"屋漏"不怕它，还敢骑它，结果却怕猴子，感觉自己实在是太窝囊了！于是对猴子说："猴子，你当这个大王吧！"猴子心里明白是怎么回事，于是百般推辞。最后，它们达成了共识，老虎不在的时候，猴子当大王。

这就是"老虎不在家，猴子称大王"的来历。

我们在日常生活中，听过看过很多故事。我们从小就爱听故事，其实大人也是一样。如果一个人老到一颗牙都没有了，还能把童心写在脸上，人们反而会觉得他格外可爱。人在生活中就是这样，通过一件事明白一个道理，通过各种各样的事情，明白各种各样的道理，这就叫成长。通过故事去分享道理，也是锻炼口才的一个好方法。切记，故事要有头有尾，能够自圆其说。

● 一口纯正的普通话是一种资本 ●

你的普通话不好，并不能成为你表达没有魅力的理由。因为一个人的语言魅力，绝不仅仅来自一口标准的普通话。即使讲地道的方言，也能让人听出感觉来。

比如说，我用地道的河北口音讲这样一段话："在座的各位同志，大家都是领导干部，不容易，工作很忙，没有时间好好学习。但是没时间学习，也要把'二十大'精神领会好，这样才能贯彻到工作当中，把社会建设得更加和谐。"这段话即使不是用普通话讲出来，但只要配上到位的表情、动作、手势，也照样能达到很好的效果。前文曾说过，从传播学的角度来讲，文字占8%，有声语言占37%，态势语占55%。"演"是投入，"说"是叙述，全身心地去表述，就叫演说。

然而，能讲一口纯正的普通话，确实是一种资本。国家语委每年都有推广普通话宣传周活动，以倡导全民讲普通话。2001年1月1日开始施行的《中华人民共和国国家通用语言文字法》，进一步规范了普通话的适用范围等内容，为普通话的推广提供了法律保障。而事实上，并不是每个人都能讲一口流利的普通话，普通话是需要好好练习的。

其实，普通话主要分三个层面：声母、韵母、调值。如果你的普通话不标准，你可以从 b、p、m、f 开始纠正，把练习普通话列入你的议事日程。方音辨正，是指由方言变为普通话的过程，主要从三个方面进行辨正：

第一，声母辨正：

z、c、s、zh、ch、sh、n、l 等声母的发音练习。

例如：支持—字词、实说—思索、哪里—拉犁……

第二，韵母辨正：

en、eng、an、ang、un、ong 等韵母的发音练习。

例如：认真—人证、安全—昂扬、温暖—隆冬……

第三，调值辨正：

阴、阳、上、去、轻声的发音练习。

例如：妈、麻、马、骂、吗……

● 无声的态势语不容忽视 ●

伴随有声语言的表达，还存在一种依靠面部表情、手势和身体姿态动作，来辅助表情达意的无声语言，我们称之为"态势语"。

一个人的举手投足都属于肢体语言。在这里，我把肢体语言换成态势语。因为态势语的含义会更加广泛，一个老师、一个领导，任何要发表讲话的人往那儿一站，其状态叫"态"；他要给受众什么样的收获，要把大家带到什么地方去，这叫"势"。

台上的精彩源于台下的喝彩，台下的喝彩源于台上的精彩。台上台下浑然天成，像一台戏，像一盘棋。演讲者的状态与带动受众的趋势，综合起来便组成了态势语，包括眼神、表情、手势、动作，以及整个身体的姿态。

● 如何正确表达态势语 ●

我们都希望自己讲的话能说到人心里，有态势语的辅助，往往更能帮助我们将话说到人心里。在我们的表达中，态势语主要包括以下几方面：

第一，把自信写在脸上。

随时保持信心十足、精神抖擞的状态，你的举手投足就会不一样。现在，倡导领导干部讲短话，并能够脱稿讲话。这就需要你往台上一站，一张口就不一样，举手投足都具有表现力，这样才会更好。

第二，全情投入，感人肺腑。

要想感动别人，先要感动自己。因为只有感动了自己，才能真正去感动别人。

第三，手势大气，语势流利。

当你全身心投入讲话过程中时，保持大气的手势和流利的语势，马上就会让人感觉极具感染力。

第四，振臂一呼，应者云集。

即使只是一个振臂一呼的背影，传递出的力量仍是巨大的。此时，周围的观众，每个人的眼神和表情，都会随着你的激情而燃烧，这就是应该达到的效果。

第五，态势语的融会贯通。

在有效的传播中，除了文字和声音之外，态势语占55%。因此，大方得体的态势语，能帮助一个人更快地走向成功。而且，一招一式都需要我们用心体会，逐渐形成自己的风格。所以，一定要多加练习，灵活运用。

市面上关于态势语的图书很多。有一天，我也买了一本有关态势语的书进行研读。读过以后，我觉得它规定得太事无巨细了，包括头抬到什么位置表示什么、手如何抬、眼如何看、整个身体又如何……如此刻意，表达的真实自然基本丧失殆尽。

最初，我每次在演讲中做了什么手势，就找出那本书查一查代表什么意思。后来却发现这样下去简直都没办法演讲了，因为束缚太多了。于是，我把这本书束之高阁了。而我也收获了一个感悟：一个人在台上进入忘我境界的时候，才是最美的。如果还处处顾忌自己美不美，则说明你没有完全进入状态，没有全身心投入其中。

关于态势语，你只要是发自内心的，并且遵守一些基本的原则和规定就可以了，不必做得太教条、太刻板。比如，学习礼仪时，规定微笑要露八颗牙，其实没有必要，只要笑得自然，想露几颗露几颗，这就是自然的美；还有握手，规定了上级先伸手，下级再伸手，女同志先伸手，男同志再伸手，其实不完全是这样。我的理解是，这些东西需要随时随地，灵活去发挥、去表现、去传递、去表达。拘礼太多，反而影响了人的鲜活。演讲也是如此,太过拘泥于细节,整个演讲就会变得毫无趣味可言。

● **态势语应用的基本原则** ●

态势语应用的基本原则就是:尽量做开放式动作,除非特定内容,一般不做封闭式动作。

我们经常看到,有的人在台上发言时,话讲得不错,可态势语都是封闭式的。比如,有一次,我看到一位老板在讲话:"大家下午好!今天是6月30日,应该说一年的时间过半,我们的任务完成过半。我想,不用等到12月底,9月底之前,我们就完全可以把全年的工作指标完成!因为我们有了上半年的宝贵经验。大家有没有信心?有没有?我想是有的!"

这段讲话从内容上看,还是很有感召力的。但他在讲每句话的时候,都机械地重复一个动作——两手在胸前做掐人状。这样的动作向听众传递的是琐碎、局促与不安的信息。比如:"再不老实,我掐死你!"这叫特定内容,特定内容自然可以跟着的是封闭式动作。

态势语一定要大气,要举就举起来,要伸就伸出去,一切都是开放的、热情洋溢。大家都知道:握紧拳头表示力量,张开双臂才能拥抱世界。

接下来,给大家一个可具体参照的态势语记忆口诀:

直面听众表陈述,侧位以视顾全部。

昂首动情发正言,低头思索复悲怜。

点头 yes 摇头 no,眉眼姿态把心扣。

面部开合随心迹,手势动作应注意。

伸手前方表号召,拳头上举强有力。

脚步前移表希冀,后退暗含消极意。

文无定法文成立,态势语中无奥秘。

下面,我们来具体介绍一下这个记忆诀的含义。

- 直面听众表陈述。

人们在任何地方,只要开口讲话,就可以看作是发表演说。比如,领导干部往那儿一站,吩咐秘书做某事,也可以看作演说。在演讲台上,也是一样。要有前言,要陈述背景。比如,"亲爱的朋友们,大家好!我是李真顺。非常高兴来到这里,与大家做真心的交流。今天的话题是——走向成功!"记住,直面听众,坦然面陈。

- 侧位以视顾全部。

有时场面很大,人们在交流中容易产生一个问题,就是只跟自己熟悉的几个人交流眼神，而忽视了大众。在一场演讲活动中，应该让每位听众都能感觉到你的眼神曾经关照过他。因此，在一些大的场合，要特别注意不能冷落任何一个人，要全盘托举、台上走动、侧立提问、照顾全局。

◆ 昂首动情发正言。

领导干部无论是台上台下，公开讲话时，尤其是在演讲台上发表公众演说的时候，一定要有正气。讲政治、讲正气、讲学习，这很重要。记得在一次对下岗工人进行演讲时，演讲嘉宾说：

> 各位好！大家下岗了，谁都不高兴。很多人一怪政府，二怪父母，三怪命苦。但从来没想过，自己都做过什么。
>
> 这些年，在企业您有什么样的贡献，您哪一点是别人无法取代的？我们还是要面对现实，看看哪里是自己的长处，哪里是自己的核心竞争力，哪方面是别人无法取代的。有了这样的认识，您就能面对问题并解决问题，争取早一天

> 再就业！

这就叫昂首动情发正言。

◆ 低头思索复悲怜。

当人们怀旧时，想起某件不愉快的事情会低头哀叹："好了，这件事过去这么久了，不要再提它了，就让这一页翻过去吧！"尤其是我们在工作中遇到不如意的事情时。

◆ 点头 yes 摇头 no。

当同意一种说法或一件事时，往往会一边点头一边说："对，对，您讲得非常对！谢谢，谢谢，好，谢谢您的支持！"当有异议时，会摇头表态："不，不，这个不妥当。再想一想，还值得商榷。"当领导干部发言时，对正面的事可以用点头来表示肯定，对反面的事可用摇头来表示反对，直抒胸臆，直观易懂，方便操作。

◆ 眉眼姿态把心扣。

东方人说，眼睛是心灵的窗户；西方谚语讲，眼睛是心灵的背叛者。异曲同工，都说明了眼睛不会撒谎。眼睛是心灵的窗口，它跟心是直接相连的。你心里在想什么，眼睛就会展现出什么来。心中有鬼便会贼眉鼠眼，博爱真诚自然慈眉善目。

◆面部开合随心迹。

如果说眼睛是心灵的窗口，那么面部表情就是整个心灵的晴雨表。

人们的喜怒哀乐、酸甜苦辣、悲欢离合、阴晴圆缺等内心大世界，面部全可以反映。相由心生，一个人的内心想法往往写在他的脸上。一笑解千愁，一哭万事休。心里甜脸上笑，心里苦面部堵。内心世界与面部表情有很大关系。请记住，在演讲台上，面部表情的开合可以和心灵有直接关系。

◆手势动作应注意。

演讲者的手，到底怎么挥、怎么举、放在哪里？演讲者站在台上的时候，两手自然下垂。讲话的时候怎么办，往前往后应怎样表现？手势动作应注意，记住下面两个要点。

第一，伸手前方表号召。

例如，我们说："亲爱的朋友们，让我们团结一心，努力奋斗吧！"在说"努力奋斗"的同时，我们大手向前一挥，这就叫"伸手前方表号召"。

第二，拳头上举强有力。

比如，有人提出："我们一定能够完成任务！各位，有没有信心？"你回答的时候，表情严肃，顶天立地，目光炯炯，拳头上举，声若洪钟地说"有"。这一个"有"字，掷地有声，要的就是这种感觉。

◆ 脚步前移表希冀。

当领导的脚步前移走近谁的时候，谁就有了希望。所以在演讲中，要想对谁表示希冀，可以用脚步前移的方式。

◆ 后退暗含消极意。

如果领导这样对你说："好好，就这样，你好自为之，不再说了。好好，不要送，不要送。"那么，你的问题恐怕就很难解决了。

◆ 文无定法文成立。

以前有句话是，文无定法，文成法立。就是说，写文章、干事情起初并没有一定之规，等写成干成后，达到目的了，我们才总结出所谓的"法"来。我们都知道理论源于实践，又反过来指导实践。就这样螺旋式上升，波浪式前进，以至无穷，这就是社会的发展规律。在社会生活当中，很多时候没有一定之规，等把事做成了，总结后才能找到所谓的规矩。

一切事物都是与时俱进的，因此我们要辩证地、发展地看待问题，才会达到尽在掌握的境界。

◆ 态势语中无奥秘。

态势语和写文章一样,没有一定之规。前文给出了基本原则,一切做开放式动作。然后,给了一个小的参照。我想,有了这些,你早已心里有数,大大方方去做就可以了。

●对各种态势语都心中有数●

◆ 眼神。

眼神的交流包括八法:前视、环视、侧视、点视、虚视、闭目、仰视、俯视。

前视,就是向自己的正前方注视,常用于对现场的掌控。

环视,就是对自己的周围一圈的关注,常用于对现场的掌控。

侧视,注视后方比较远的观众,可以表示对后方观众的注意,可以起到提醒、警示、沟通、强调的作用。

点视,当发现某些观众有骚动或异常情况时,可以使用点视来观察,也可以用于对个别人的提醒。

虚视,当演说中非常紧张的时候,可以假设自己的前方空无一人,采用虚视的办法,将目光投向前方来缓解紧张。

闭目,讲到真情或深情的时候,可以采用闭目,如此去做肯定会有很好的效果，更会让人觉得你进入了状态，更容易引起共鸣。

仰视，为了突出表示赞同和认可，可以采用仰视的方式注视对方。

俯视，如果要表达"行了，老兄，你这种做法很不切合实际"这样的意思，可以采用俯视的注视方式。

演说不能自顾自地讲话，一定要根据对方的眼神或者大家的反馈来说话。如果有人没听明白，还有疑虑，就再讲一遍。

看鼻梁、看眉心，是要让他听见；而看眼睛，则是要让他听到心里去。

关于眼神，永远记住真感情就是好文章。眼睛既然是心灵的窗口，你走到哪里都要有真情实感，无论是站在演讲台上，还是在给别人讲话的时候，都一样。真实自然地表达，才会进入听众的内心。

◆表情。

表情态势语的训练有两点注意事项：一是要自然、放松；二是要与所讲的内容一致。演讲的时候要求表情自然放松，一个微笑在先，大方得体在先，热情洋溢，激情满怀，再使用自己专业的知识——才情，这样才能周旋得满座春风，发挥出超乎想象的水平，才能使演讲取得成功，而不是玩得很高深，让别人都觉得紧张。

眼神要真挚，表情要自然。领导干部在生活中因为要保持形象，习惯了束缚自己，喜怒不形于色。但在讲话时，如果始终摆着一副扑克牌脸，说出来的话干巴巴的、毫无激情，又有谁愿意听呢？

社会发展到今天，节奏这么快，信息在爆炸，我们来不及过多地去考虑。但我们要以阳光心态，表达自己的所思所想。阳光的心态，要通过面部表情来体现。因此，领导干部要注意自己的表情应自然和蔼，给别人留下平易近人的印象。

◆ 站姿。

我们一贯倡导，站有站相，坐有坐相；站如松，坐如钟，卧如弓，行如风；男人顶天立地，女人亭亭玉立。站姿要稳，也可走动，但要记住脚下要有根。脚下无根，就会给人轻浮的印象。这与领导干部的形象是极不相符的。

站姿的训练有三点注意事项：一是要站稳，也可走动；二是双脚与肩同宽，手自然下垂；三是身体前倾表亲切。站姿要站稳，也可以走动，即使走的时候，也要脚下有根，让双脚与肩同宽,手自然下垂,要给别人一种顺眼的感觉,让别人觉得看你很顺眼,才能让人觉得你做什么都好。

领导干部在演讲时一定要脚踏实地,可根据需要适当挪动脚步,但步幅不宜过大。千万不要站在那里晃里晃荡,也不要歪歪斜斜地站着,更不要靠在椅子上。另外,腰间挂钥匙,走起路来发出丁零当啷的声音,这种形象也是要尽量避免的。有时候,身体稍前倾一些,可表示亲切、关怀之意,比如:"大姐您好!在这儿还好吧?挺热的,您喝点水。"

◆ 手势。

在所有的态势语中,手势表情达意的幅度最大。从肩到肘、到腕、到掌、到指,举手投足,影响深远。手势分三个区位,肩部以上为上区,肩腹之间为中区,腹部以下为下区。上区表示号召,中区表示叙述,下区表示鄙视。

例如,你说:"各位同志,今天大家拿出这么多时间来学习某某会议精神,代表着大家有强烈的愿望,要提高自己的工作水平。既然来学习,就好好地学,认真地学。让我们通过学习,把掌握到的知识运用到工作和实践当中去(叙述这些内容的时候,手势均可在中区),把工作推向一个新的台阶

（手势到上区，表示号召）。让那些不认真学习的人，后悔去吧（手势往下一挥，表示鄙视）！"

当然，演讲场面大的时候，你的手势动作也要大，场面小的时候适当地收一些。有些领导干部比较内向，不善于交流，那么就从今天开始改变，即使刚开始只是假装热情也要装出来。因为人是习惯的动物，养成什么样的习惯，就有什么样的人生。态势语的应用也是一样，只要多多练习，就会收到比较好的效果。

另外，肩部发力，表示力量。肘发力，表示亲切。并且，手势应该停留足够长的时间。但是，如果演讲节奏快，也不见得必须像等着照相那样保持那么长的时间。这需要我们根据场合和节奏来整体把握。通常，我们的大脑里应该储存3~5个常用手势，以便活灵活现地表达完整的意思。

总而言之，手势表达要自然、协调。从今天开始，去运用这些态势语。可能一开始会觉得不习惯，好像有些张牙舞爪似的。但事实上这是表情达意的需要。

我受邀到东莞一家企业做内训。课间休息的时候，企业老板跟我说："李老师，待会儿您讲完，我到台上做个总结。李老师,我怎么讲比较好?"我给他说了三个原则:第一,语言要短;第二,声音要大;第三,要有态势语。

等我讲完以后,老总走上台,一边向我道谢,一边琢磨我的三条提示。心想既然学了,那就用吧。他记住了这三条提示,双手握拳,突然上举:"同志们,大家下午好!刚才李老师给我们做了精彩的报告,让我们把今天学到的精髓,应用到我们的工作中,把我们的工作推向前进!"几乎每一句话都有一举,接下来后退两步,突然上前又是一举,声音极大地喊了声"散会!",当他这样表现的时候,台下的人都惊呆了,因为他们从来没有看到老板这么激情洋溢地发表过演讲。

如果这位老板经过长期演练,举手投足再自然一点的话,他的影响力会更不一样。记住,手势动作有比没有好。而且,要不断练习,才能做到越来越自然。

从今天开始,无论你是给下属讲话,还是见上级领导,都要有自信的姿态。在自己的潜意识里树立起"我是最棒的"

意识。有这样的内在支撑，我们表现出来的意识就会完全不一样。并且，这种意识要自然表露出来。比如说，当上级领导给你布置一个任务时，你要干脆利索地表态："领导，您就放心吧！下午4点，肯定给您回话。保证完成任务！"记住，一定要自信地表达。

关于手势的上、中、下三个区位，可以经常做一下练习。下面为你提供一些句子，凡是底下画横线的地方，都可以加上相应的手势。

◆ 单手，手心向上——中区。

例如：

看那<u>美丽</u>的桃花，开得多<u>热闹</u>啊！

<u>美好</u>、成功、<u>幸福</u>的<u>生活</u>，是人心所向的。

◆ 双手，手心向上——中区。

例如：

我要向<u>所有的朋友</u>，<u>宣布</u>这一好消息。

让我们点起篝火，<u>载歌载舞</u>吧！

◆ 单手，手心向上——上区。

例如：

一眨眼的工夫，他就<u>爬到了山顶</u>。

攀登吧！无限风光在险峰。

◆ 双手，手心向上——上区。

例如：

我亲爱的祖国，我能为您做些什么呢？

欢呼、跳跃吧！我们成功了！

◆ 单手，手心向上——下区。

例如：

谁在这里挖了陷阱？谁在这里丢掉了良心？

与人民为敌者，必将被人民埋葬！

◆ 双手，手心向上——下区。

例如：

他自己不争气，我们又有什么办法？

仁慈的人大声疾呼："和平！和平！"但是没有和平。

◆ 单手，手掌竖立——中区。

例如：

凡事都有度，不要过分。

一不留神，他被人推出了界外。

◆ 双手，手掌竖立——中区。

例如：

大胆念，念出这完整的一段！

我们的胜利是<u>决定性的</u>！

◆ 单手，手掌竖立——上区。

例如：

壮哉！<u>当机立断</u>的英雄！

干吧！干他个<u>轰轰烈烈</u>、<u>无愧天地</u>。

◆ 双手，手掌竖立——上区。

例如：

人们奔走相告："<u>胜利了！我们胜利了！</u>"

道路是曲折的，前途是<u>光明</u>的，让我们<u>同心同德</u>！让我们<u>众志成城</u>！让我们共<u>享明天</u>！

从这些手势区位练习里，我们可以获得一个启示：以后读文章做报告之前，不妨先分析稿件，画出横线，做到心中有数，加上一些手势，为自己的讲话增添韵味、增加力度。

不管在什么地方讲话，假如有语言参照的话，要把所讲的话中的重点画横线，然后在表述的时候重点表达。同时，还要注意使用一些手势语言，例如对母亲表达"妈，您炒的菜<u>太好吃了</u>"，这时就要手舞足蹈。"妈，今天是您的生日，让我为您<u>唱支歌</u>吧！"，这种感慨也要敢于表达。

在生活当中,"人生是条单行线,一江春水向东流",该表达的爱要尽快地表达出来,该表示歉意的地方也应该随时表达出来。

有一首小诗:

> 一直以为,幸福在远方,
> 在可以追逐的未来,
> 于是,我的双眼保持着眺望。
> 我的双耳仔细聆听,唯恐疏忽错过。
> 后来才发现,
> 那些握过的手、唱过的歌、流过的泪、爱过的人,
> 所谓的曾经就是幸福。

幸福在哪里?就在来时路上那些点点滴滴,成功是预期结果的获得,不论大小,不论多少,只要获得,就是幸福。有了这种心态,则生活的快乐就能渗透到话语中,说话就能够充满激情,态势语言也就能"相由心生",就能实实在在地感动听众,就能使得演讲取得成功。

克服紧张方能神态自若、思路清晰

紧张是人体在精神和肉体两方面对外界事物的一种强烈反应，而突发性的紧张是一种恐惧的感觉。人在没有自信的时候，很容易出现紧张情绪。

在公众场合讲话的时候会紧张，这也是正常现象，每个人都会有这种情绪。但我们要尽力克服这种自我恐惧，尤其是领导干部，如果不能克服当众讲话的恐惧，会在一定程度上阻碍未来的发展。其实，恐惧和紧张都能通过训练来克服，而这种训练也是积极的心理暗示过程。

领导干部要练就从容不迫的气度，要克服害羞、胆怯的心理。放松的心态有助于自然地表达，这样才能把要说的话说出来，并且说准确。在台上讲话神态自若、思路清晰，就容易抓住问题的关键所在。说话句句在理的领导，听众自然会高看一眼。他说的话人们都爱听，他做的事人们都愿意积极主动配合和帮衬。相反，一讲话就吞吞吐吐、面红耳赤，或是词不达意、哗众取宠、语言粗俗的领导，听众就会觉得这个领导干部没水平，进而对他的工作能力产生怀疑。

● **不要过于追求完美** ●

领导干部如果十分争强好胜，事事都力求完美，不允许在演讲时有丝毫差错，就很容易常常感到紧张不堪。要明白，任何人的能力和精力都是有限的，适当降低对自己的要求，不过分在乎一时一地的得失，不过分在乎别人对自己的看法和评价，自然就会使心境松弛一些。

● **学会调整节奏，适当放松** ●

在进行公开演讲之前，要注意调整好整体的节奏。练习的时候要思想集中、专心致志，也要保证充足的睡眠时间，适当安排一些文体活动。做到有张有弛，劳逸结合。

● 坦然面对并接受自己的紧张情绪 ●

平时，大多数领导干部公开演讲的情况并不多，紧张是正常的，尤其是比较重大的场合，但你也要想到，很多人可能比你更紧张。不要与这种不安的情绪对抗，而是体验它、接纳它。要训练自己像局外人一样观察害怕的心理，问问自己为什么这样紧张，想想自己所担心的最坏的结果可能是怎样的。这样你就能做到正视并接受这种紧张的不安情绪，从而坦然自如地去应对。

● 掌握一些放松身心的方法 ●

比如，选择一个空气清新的环境，进行深呼吸放松；或者适当活动一下身体，如慢跑等；或者将注意力集中到一些日常物品上，如看着一朵花、一点烛光等任何一件柔和而美好的事物，细心观察它的细微之处；或者闭上眼睛，想象一些恬静美好的景物，如蓝色的海水、金黄色的沙滩、朵朵白云、高山流水等。这些都有助于我们放松自己的身心。

● 无语练胆，脑子空白也能气定神闲 ●

无语练胆，是指锻炼自己气定神闲地站在众人面前，即使脑子一片空白，站在那里什么都不说，也要镇定。我们都知道，人在高度紧张的情况下，做出的事情可能不是正常情况下会做出来的。所以，想要突破紧张，那么第一步就是练胆，比如说在人多的地方唱歌、说话等，都可以让自己的胆量得到较大的提升。

● 随意练口，重要的是敢讲 ●

当站在众人面前不紧张时，就可以随意练口了。这时，你讲什么并不重要，重要的是敢讲。在讲的过程中姿态仪容要大大方方，话语组织要有头有尾，语言能够幽默风趣就更好了。

养成有效表达的思维惯式

怎么样才能做到有话可讲,而且讲得有理有据呢?这就需要我们掌握一些相关的思维方法,并且在日常生活和工作中勤加练习,以养成思维惯式。这样,自然就不会再有无话可讲的尴尬情况了。

● **逆向倒转思维法** ●

所谓逆向倒转,就是凡事都可以反过来想一想,叫"反其道而想之,反其道而行之"。同一个问题,有时只需要反过来想一想,就多了一条甚至几条出路。只是看你能不能变正面为反面,变反面为正面,化褒为贬,化贬为褒了,这就是逆向倒转思维法。

你在一家单位工作了一段时间，领导突然对你说："小李，你这个人就是这山望着那山高。"这样一句话，在这个语言环境里，肯定是贬义的，可如果你想申辩一下，就可以运用逆向倒转思维法。

你可以对领导说："领导，您说得对！我有时候想法是多了一点，但如果在我们的单位里面，每个人都有创新思维的话，局面一定会不一样的。您看，现在一切都在变化，像以前我们认为现代化就是楼上楼下、电灯电话。但今天无人驾驶汽车都上路了，中国空间站都已经全面建成并投入使用，我们还要研究火星、外太空。运动员一次次挑战自我，完善自我，突破自我，一次次刷新纪录。其实，仔细想一想，社会发展都是那些不满足现状的人推动的。因此，人类确实要有这山望着那山高的精神，不能太满足于现状。"

这样就是化贬为褒，也就是逆向倒转思维法。

● 追根溯源思维法 ●

所谓追根溯源，就是凡事往根源上想一想。生活当中多想一想，会有多一点收获。成功了有经验，失败了有教训，所有的事情都不是白做的，所有错误也都不是白犯的，所有的工夫都是没有白费的。但一定要分析缘由，千万不要再被同一块石头绊倒第二次。追根溯源，就是"透过现象看本质，揭开面纱看新娘"，才会让一切变得有意义。

● 纵横交错思维法 ●

纵横交错思维法，就是面对所有的问题，都可以从纵的方向和横的方向，或是纵横交错的综合角度去思考，找到每个人谈话的切入点。

摆在我们每个人面前的，不管是什么样的问题，都可以从纵向、横向来比较、来思考。切不可人云亦云，完全没有自己的思想，这就不可能说得出精彩的、吸引人的话。前文曾提到"二八法则"，如世界上 80% 的财富掌握在 20% 的人手里。同样的，20% 的人贡献了 80% 的思想。他们会更多地去考虑自己应该怎么干，怎么才能跟别人干得不一样。

然而，无论你准备成为什么样的人，都要想清楚自己到底想干什么、能干什么。永远多问自己几个问题：是什么、为什么、怎么办。这是一种重要的逻辑关系，讲话办事都可以依据它来展开。这样，我们的思路会更清晰、更深刻。

> 从前有一个学生进京拜师学艺——学习唱歌，学到中途的时候，他觉得自己已经唱得很不错了，于是向老师辞行。老师一看表说，今天晚了，明天走吧。第二天老师准备了一些吃的，在路口的一棵树下为他送行。席间，老师放声歌唱，高亢嘹亮的歌声震动了山岭，阻遏了浮云，这个学生听了以后羞得面红耳赤，觉得自己不过是半瓶子醋，离学成还差得远呢！于是向老师致歉，不再提回家的事了，直到学成为止。

先横向思考，用这位老师的言行告诉学生学无止境的道理。再纵向思考，用这个学生的思想和行动进行前后对比，用老师的行动进行前后对比。这个学生开始时自以为是，有些自满，后来认识到不足，然后知错就改，勇于认错，这是一种好的品质。老师对这个学生没有进行笼统地批评，不是简单地训斥，而是现身说法，以自己的歌声启发对方，让他受到教育。从老师的这个表现中可以看出老师对自己学生的一种宽容精神、一种教育方法。

● 攻其一点思维法 ●

所谓攻其一点就是说，当驾驭不住大的问题时，就把它拉到自己熟悉的领域来谈。各行各业，每个人都有自己的位置，都有自己的根据地。当感觉大的问题驾驭不住的时候，只需将问题引入自己熟悉的领域当中，你就有话可说了。比如你是从事教育工作的，社会上发生重大新闻或热点话题的时候，你都可以从教育的角度来发言。找到一个小的切入点谈深、谈透，同样可以赢得喝彩。

2001年，北京申奥成功的时候，电视台制作和播出了大量的节目，来庆贺申奥成功。有一天，电视上播出一个节目，一个记者在街头随机采访，采访对象是一位买完鸡蛋回家的大妈。记者问她："大妈您好！我是某某电视台的记者。请问您一个问题,您觉得北京申奥成功,对北京的市政建设及国民经济,会有怎样的影响?"这个问题,对于这位大妈来说,显然太过宏大、高深了。

但这位大妈表现得很从容,她说:"啊,闺女,你说的这个我都不太懂,我是卖煎饼的。北京申奥成功,大妈和全国人民一样,当然很高兴了!大妈有个理想,在2008年之前,我要让我的煎饼店,开到北京的东城、西城、海淀、丰台、石景山……闺女,你知道吗?现在,我在万寿路口、甘家口……总共十家店。我的煎饼做得可好了,你知道有多少中学生买我的煎饼吃?我现在给服务员都配发了白大褂,要求他们每个月都检查一次身体。并且,我们非常注重产品质量。现在大家吃的鸡蛋,很多都是吃鸡饲料的鸡生的蛋。而我店里用的鸡蛋,都是草原上吃蚂蚱的鸡生的蛋。我就想,到奥运会举办的时候,我们的煎饼店也能分布得更广。因为我们的产品质量很好,卫生也有保障。让来北京的观光团、运动员,也买咱们的煎饼吃。每个人吃了都身体健康,每个运动

> 员都取得好成绩。闺女呀,大道理我不会谈,我就想每个人把自己的事儿干好了,刚才你说的市政建设呀、国际经济呀,可能就都好了。"

这位大妈说得太精彩了!她没有一句大话、空话、假话、套话,直言不讳地把大的问题,拉到自己的领域来谈,而且谈得非常深刻和贴切。从这个例子,我们可以看出,讲话,就是我口说我心,就是讲自己的话。

然而,怎样才能不人云亦云,讲出自己的话呢?攻其一点思维法就能帮你做到,也就是军事上讲究的"重点进攻,各个击破"。这也是攻其一点思维法的威力所在。

社会不断发展,媒体越来越发达。领导干部在日常工作中,随时随地都有可能受到记者的采访。如果问题涉及的领域是你不熟悉的,就拉到自己熟悉的领域来谈。纲举目张,知道提纲挈领,就能抓住主要问题,深挖下去,就能挖出一口深井。

下面,我再举一个例子。

> 有人采访一个山里的孩子:"小朋友,你觉得

怎么样才能当好领导呢?"

他说:"我没当过领导,但是我觉得,当领导可能跟我爹放羊差不多。他对我们家的每一只羊都可以叫上名字来。每天,我爹都早出晚归,那么认真,那么负责。附近的山头,哪里的草好他都知道。每年我们家的羊都能剪出很多羊毛来,卖很多的钱。很多人都非常羡慕我爹会放羊呢!我想,当好领导,他要对各行各业了如指掌吧,要认真负责吧!"

这个山里孩子的话,质朴却很有道理。可见,所有的事物都有共通点。不管什么事情都可以引到自己熟悉的领域,用自己熟悉的话讲得头头是道。隔行如隔山,但是隔行不隔理,道理都是相通的。所以,领导干部要真正做到解放思想,才能融会贯通。

提前预想演讲中的问题，有备无患

● 如何开头——百花齐放因人制宜 ●

一位作家为了宣传自己新出版的保健养生类图书，举办签名售书活动，邀请很多老年人参加。主持人说完简短的开场白后，便请这位作家上台。他对参会的老年人说："七十不算老，八十年尚小，活到一百岁，正是风光好！我祝愿在座的各位叔叔阿姨都能成为健康的百岁老人！"这些老年人听了之后，觉得这首小诗非常好。

这就是因人制宜的策略，实际上也是投其所好沟通的重要诀窍。

● **如何结尾——可长可短力避拖沓** ●

结尾可长可短，演讲中一定要有结尾的概念，结尾的时候要扬上去，做好承上启下的一环。

有一个主题演讲叫"走向成功"，整个演讲强调的是微笑、热情、激情、才情、人情。这个演讲需要5分钟。尽管演讲人的嗓音很好，背景音乐也给听众很深的印象，但是毕竟内容有点拖沓，其实可以很简短地进行总结，如果时间宽裕，则可以完整地声情并茂地进行演讲。

● **如何写稿——盘点自身列表取舍** ●

写稿强调的就是柜子理论。大的框架理论要求和语言描述是一定的，但在给不同的人演讲时讲法就要有变化，使用的一大堆演讲材料，根据主题的框架，根据材料单，看看哪个故事放到哪些抽屉里合适。对常表达的故事，常说的内容要白纸黑字写下来，不需要的材料则放到备用抽屉里面，然后加上头尾去贯穿。

● 如何提高文采——处处留心咀嚼背诵 ●

在日常生活中，听到一句好的话、有分量的话，要记录下来，让其成为自己的材料，融于血脉，随着这种积累的不断增多，文采也自然而然会得到提高。

● 如何消除恐惧——充分准备从容面对 ●

从容面对就是不打无准备之仗，只有准备充分了才不会紧张，在临开始之前，要练习控制呼吸，通过控制呼吸达到控制情绪不紧张的目的。

有的演讲者在台下等待上场亮相，非常紧张，这时可以练习深呼吸。开始深呼吸，吸气，憋住，憋得没法再憋的时候，缓缓呼出。做几个深呼吸以后，紧张的情绪就能得到有效缓解。上台以后，要跟听众做短暂交流。例如，要在一个大会上讲话，进到会场以后怕紧张，可以跟一个朋友随意地聊一两句，如"您好，您是从北京来的啊？待会儿我讲课，请您多指导、多指正啊"。通过不同的角度、从不同的角落找几个人聊天，这样在这些角落你就有了明显的支持者，你会觉得比较踏实。如果上台后还紧张，脑子一片空白，这个时候就要"置之死地而后生",比如:"各位朋友,我是准备好才来的。但一见大家就紧张,忘词了,能不能给我一点掌声,谢谢!"在鼓掌的过程中就可以整理思路进入状态,如果最后确确实实还想不起来,那就不要耽误大家时间了,下去想一想待会儿再讲。

● 如何展现自信——练就金刚钻应对百样活 ●

民间俗话说:"没有金刚钻,别揽瓷器活。"在这里是反其道而行之,"练就金刚钻,应对百样活"。

给大家讲一个真实的故事,一次我随代表团去欧洲考察,欧洲,德国、法国、意大利等国家都各讲各的语言。就像英国、法国虽同属欧洲,但是如果你对着法国人讲英语,他们会非常厌恶,可见其强烈的民族自尊心。通常,一个法国人就算会说英语也尽可能不说,因为他有法语带来的优越感和守护法语的使命感。

然而,我走到欧洲的任何一个国家,跟任何人都能聊得很热闹。归国之前,我们在芬兰座谈时,接待方问我:"李先生,您是从北京参团的?"我回答:"是的。"他们问:"您怎么那么厉害?哪个国家的语言都会讲。"我说:"我哪有那么厉害！我只讲中文而已。"他们听后觉得很奇怪："您讲中文他们听得懂吗？"我说："听不懂只会让他们不好意思啊！我随便在街上见到一个人，当然不会谈重要问题。如果有重要问题要谈，就需要通过大使馆派一流翻译了。但是，来自上下五千年的中华民族，号称礼仪之邦、泱泱大国，见了人打个招呼还是会的。并且出国之前，基本的法语、英语怎么讲，都会有一些基本的辅导。"他们又问："有时候，您能跟别人讲那么长时间，都讲什么？打个招呼总不可能需要那么长时间吧？"

其实什么都可以讲，简单地打过招呼以后，我就会讲中文。比如，碰到伦敦人，我会说："您红光满面的，一看就知道您是成功人士。"他看着我的表情和手势，就会觉得自己是在受表扬，但是又听不懂，于是说："OK, yes！"碰到巴黎人，我会说："您看，卢浮宫是世界著名的博物馆之一，馆藏之丰富无人能比，但是您知道有多少东西是从我们那儿拿来的？"他可能没听懂，就面带微笑。我把所有的事情讲完了，拍拍胸脯说："Chinese，中国人，welcome to Beijing, my home, OK, bye！"等我已经走得很远了，他还会向我挥手致意。

●如何学好普通话——找准症结逐渐提高●

学习普通话要找准症结，逐渐提高，不要害怕面子问题，自己放不下面子，才会更丢面子，今天放下面子，明天才会更有面子。例如，是 z、c、s 跟 zh、ch、sh 不分，还是 n、l 不分，还是 h、f 不分，先要找准症结，然后根据相对应的词天天练习。例如 h、f 不分，就要努力讲"花、灰、发"，还可以找周围普通话说得好的人，让其通过口型辅导一下。

●如何搞好心理暗示——毛遂自荐舍我其谁●

做好心理暗示，时刻提醒自己最棒，并要将这个理念深深地根植于潜意识之中。如果一个人认为自己不行，他就会越来越不行。在生活当中把负面的情绪经常挂在嘴边的人，其形象会大打折扣。我们永远要把积极的、向上的、光荣的、正确的内容与自己对位，打开眉头，打开心头，解放思想。

●如何推销自己——首战告捷神武倍增●

推销自己，要首战告捷，才能精神倍增。俗话说"万事开头难，但不比上青天"，一旦钻进去，就会芝麻开花节节高。一旦迈出第一步，一切就变得非常具体了。所以，首先要敢于去做，这是一种很好的推销自己的方法。

● 有人挑刺怎么办 ●

搞清楚大前提：

善——耐心解释，重复他的观点。

恶——换位思考，将球回传给他。

● 忘了词怎么办 ●

头中尾的讲话技巧。

听我下回分解。

手指法。

拉到自己熟悉的领域。

● 时间到了没说完怎么办 ●

对以上发言——讲最后一句话。

想好头和尾，中间不后悔。

● 突然被叫起来说几句怎么办 ●

不要说：我没有准备，我没有研究。既然让我说两句，我就随便说两句。

说暖语：大家都说得非常好，我今天没有白来。

● **如何应对演说中的错误** ●

原则：掩饰错误而不是强化错误，不要慌张，要镇定。

方法：不明显的错误——好似没错。

稍明显的错误——重说一遍或找机会改正。

非常明显的错误——道歉；将错就错，巧妙纠错。

04

多场合发言
要点与范例

自我介绍的常用方法

自我介绍，无比重要。无论是领导还是下属，在工作中肯定都做过自我介绍，也肯定听过别人做自我介绍。但是，有的介绍得好，有的介绍得不好。介绍得好的，就能给别人留下深刻的印象，而介绍得不好的，给人的印象就模糊不清。关于自我介绍，在这里给大家推荐两个方法。

第一个方法，五要素法。

◆ 姓什么。

◆ 叫什么。

◆ 是什么字（接下来具体说是哪几个字，因为中国的同音字、谐音字很多，很容易会写错）

◆ 有什么意义。

◆ 一句祝福的话。

比如：

> 我姓甄，叫甄康顺。甄和真理的真同意；康，健康的康；顺，顺利的顺，也就是健健康康、顺顺利利的意思。
>
> 好了，甄康顺在此祝各位身体健康，都能走向成功！

这就是一个完整的说法。每个人都有自己的名字，每个名字所包含的意义也各不相同，在向别人介绍自己时，对于自己名字的介绍需要一定的技巧，你赋予这个名字什么样的意义，别人就会赋予这个名字同样的意义。

一个朋友在一次讲座上，自我介绍如下：

> 大家好！我叫王土旦。王，君王的王；土，土地的土；旦，元旦的旦。请问朋友们，土和旦组合起来叫什么？对，就是坦。祝愿亲爱的朋友们，通过这次学习，在以后的日子里，在未来的

> 旅途中,能够走得顺当一点、平坦一点。请记住,我是王土旦,谢谢大家!

听到这样的介绍,大家就会觉得他的名字很神圣。他的自我介绍铿锵有力、大大方方,同时也让人耳目一新。所以,没有不好的名字,只有自己理解不够深刻的名字。

第二个方法,与工作关联法。运用这一方法介绍的主要内容是:

◆ 姓名。

◆ 单位。

◆ 特长。

◆ 与大家的关系。

例如:

> 我是×××,来自××单位。我的特长是……此外,我还会理发,只要一把剪刀,我就可以根据您的年龄、职业、身份、脸型、身材等,打造适合您的发型,把您打理得仪表堂堂、漂漂

亮亮。

这两种介绍方法的共同目的就是让别人记住自己，与更多的人产生友谊和建立联系，从而携手同行，共创繁荣。

当然，领导干部还会遇到很多正式的场合，这时就需要纯工作式的自我介绍了。也就是，说出自己的姓名、供职的单位及部门、担任的职务或从事的具体工作。这种情况下，介绍自己的姓名时，一定要说全名，才方便他人记忆；在说自己所从事的工作时，可根据需要适当多说或少说。

比如：

你好！我叫李晓明，市文化局办公室主任。

你好！我叫王飞，市教育局的，主要负责招生工作。

记住：此时，如果有具体职务，最好先说明职务。

通过恰当的语言引导思维，可以将积极进步的态度引导到对自己的评价上。名字是可以自我经营的，需要语言引导思维，需要表情引导思维，你把自己看得神圣，别人就会觉得你神圣。因此人在社会上全靠自我的经营，以实力演绎尊严，正如俗语所言"行家一出手，就知有没有"，锻炼和提高自己表达的功夫，也就是自我经营的过程。在介绍自己的时候，将名字整合成一段非常有意义的话，对整个演讲的效果至关重要。

主持会议时的发言技巧

主持人的语言特点应包括三个方面：

- 口语化——灵活表达，避免照本宣科。
- 大众化——要通俗易懂，避免生僻晦涩。
- 个性化——装狼像狼、装虎是虎，有自己的特色。

对于主持人来说，如何成功地驾驭和掌控演技，需要使用一定的语言技巧。例如，在开场就要善于吸引聚焦众人的目光和注意力，在谈话过程中需要表达清楚话语，对转折之间的连接也要认真推敲，要灵活应对各种变化，对任何可能出现的差错都要准备应急预案，对结尾工作也不可掉以轻心，必须让活动有头有尾顺利结束。好的主持人还会设计好结尾，让活动回味无穷。综上所述，主持人的语言技巧包括四方面的内容：

- 工于开场。
- 巧于连接。
- 灵活应变。
- 重视结尾。

除了上面提到的技巧之外，主持人需要掌握一定的连接技巧，出现"卡壳"或氛围不合要求的时候，及时使用这些连接技巧将大家的思路进行引导，也可用于对现场尴尬的处理中。这些连接技巧包括：

- 我很赞同，同时我想提醒大家的是……
- 我很赞同，某某讲的让我联想到……
- 正如你说的……

致欢迎词的注意点

欢迎词是接待工作中经常使用的演说,需要注意的是,致欢迎词的时候,站姿是相当重要的。如果是男性主持,则要注意双脚与肩同宽;如果是女性主持,则可以使用斜丁字步方式站立。

主持人员应右手拿话筒,话筒位置应在右嘴角下面。(面部的重要器官是嘴,沟通时声音、口型最具表现力,不要遮住。讲话时,尽量避免"扑话筒",否则由于话筒遮挡容易造成歪嘴,显得左高右低。)致欢迎词的演说内容一般包括:

- 表示欢迎:例如,欢迎光临。
- 介绍人员:例如,这是某某某。
- 预告项目:例如,我们今天的活动安排是……

◆ 表明态度：例如，再次真心欢迎您的光临。

◆ 预祝成功：例如，让我们预祝……

比如：

尊敬的××厅长，尊敬的各位教育界专家：

在这阳光明媚的日子里，我们非常欢迎上级领导和各位教育专家亲临我县检查调研！在此，我谨代表县委、县政府、县政协，对各位领导和专家的到来表示热烈欢迎和衷心感谢！

我县历来重视教育。多年来，在"科教兴国"战略的指导下，县委、县政府不断加大对教育事业的投入和支持，使我县发展成了一个教育大县。近年来，我县中小学教育质量稳步提升，被列为"首批基础教育改革试验基地"。县委、县政府予以高度重视，并根据新形势下的发展需要，制订了全面详细的发展计划，确立了新的工作和发展目标。

我县教育工作所取得的进步，离不开上级领导及教育主管部门长期的关怀和支持。今天，

××厅长及各位教育专家的指导，既是对我县教育工作的一次检阅，也是对我县继续狠抓教育工作的督促。我们将严格按照上级要求，狠抓教育工作，促进我县教育工作的新发展。

　　最后，让我们再次以热烈的掌声对尊敬的各位领导和教育专家的到来，表示热烈的欢迎和衷心的感谢！

致欢送词的主要内容

活动结束,对参与人员进行送别,可以致欢送词,欢送词的使用和欢迎词类似,其主要内容应包括以下方面:

◆ 表示惜别:例如,时间过得真快呀……

◆ 感谢合作:例如,再次真心感谢您的支持。

◆ 回顾过程:例如,今天我们一起……

◆ 征求意见:例如,您觉得某某工作还有哪些需要改进的地方?

◆ 期盼相逢:例如,希望有机会再次合作。

大家可以参考下面的例子。

朋友们,愉快的时光总是过得特别快。一

转眼，两天的会议就要结束了。感谢大家的真诚合作，使我们圆满完成了所有议程，达到了预期目的。

回顾整个过程，令我特别感动，特别是张处长昨天的一席话，让我们茅塞顿开。刘主任又在现场给我们指出了关键问题，使一直困扰我们的难题，得到了一个明确的答案。感谢大家！

同时，请各位把您对这次活动的意见、建议填在《征求意见单》上，我们将认真地总结经验、吸取教训，以提高下一届活动的质量。最后，让我们明年再相会，祝各位一路平安！

竞聘演说应涉及四方面

如果是竞聘岗位,则竞聘演说的成败是非常关键的,成功的竞聘演说能让别人产生信任感,将工作很放心地交托于竞聘者;而失败的竞聘演说会让别人觉得竞聘者缺乏胜任这份工作的能力。一般竞聘演说应包括以下方面:

◆对应聘岗位的认识。

◆对自己条件的认识。

◆对未来工作的预想。

◆对自己今后的要求。

比如:

各位主任、各位秘书长、各位委员：

这次会议提名我为××省高级人民法院副院长人选。这是组织上对我的信任和考验，也是党和人民对我的期望与重托。

首先，我介绍一下自己：我叫××，××年出生，法学硕士，十多年来我一直在法院工作。假如这次我能够通过竞聘，一定不辜负组织和人民的厚望，在省委和××院长的正确领导下，在省高院班子成员和全院工作人员的帮助支持下，竭尽全力履行好自己的职责。为了做好本职工作，我将从以下几个方面来提高自己。

第一，认真学习，提高素质，尽快适应审判工作需要。我要加强自身的政治素养和党性修养，提高政治鉴别力。服从上级领导的决定，坚定不移地跟着党走。

第二，恪尽职守，服务群众，竭尽全力维护法律的公平与公正。在今后的工作中，我将以"公正与效率"作为自己履行职责的最高标准，坚持依法办事，严格履行法律程序和规定，正确运用法律，公正执法，全力维护国家法律的尊严。

第三，端正态度，团结协作。我要端正自己的态度，不以领导自居。积极协调个人和组织的关系，认真执行集体决议，做到工作到位不越位，珍惜权力不乱用，识大体，顾大局。努力营造团结和谐、积极向上的工作氛围。

第四，清正廉洁，严于律己。在工作和生活中，我要时刻提醒自己，自重、自省、自警、自励；情为民所系，利为民所谋，权为民所用；清廉为民，勤政为民。并且，忠于法律，忠于职责；严格遵守审判工作纪律，增强拒腐防变能力。做一名让党放心，让人民满意的好干部。

各位主任、各位秘书长、各位委员，我深知组织信任和人民期望的分量。以上是我的供职报告，也是我的态度和决心。如果我能够通过，我将谨遵以上承诺，摆正位置，当好角色；胸怀全局，关心群众；服从领导，恪守尽责。假如我的竞聘未能通过，说明我与领导和同志们的要求还有差距，我一定会认真查找自己的问题和不足，以更加严格的标准来要求自己，一如既往地做好自己的本职工作。

谢谢！

获奖致辞的发言方式

在获奖时,简短的发言,可以起到团结同事、融洽关系、增强凝聚、推进气氛的作用,关于获奖时的致辞,用"上、下、左、右"的方式发言,就基本可以满足这个场合的要求了。见图1。

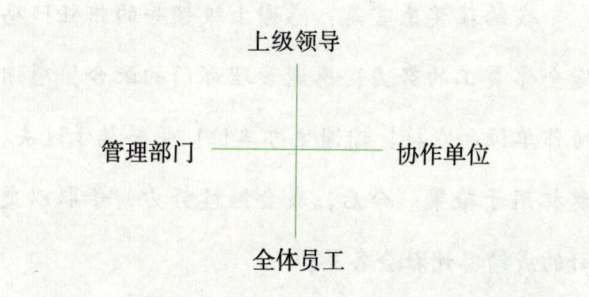

```
            上级领导
               |
               |
   管理部门 ————+———— 协作单位
               |
               |
            全体员工
```

图1 获奖致辞发言人的上下左右人际关系图

上，即上级领导；下，即全体员工；左，即管理部门；右，即协作单位。人在社会中不是独立的个体，每个人的奋斗都离不开别人的帮助，所以，在获奖演说中，要对自己的上下左右位置的人表示感谢。

各位朋友：

大家上午好！

我是××，此时此刻我感到特别荣幸，刚才我听到大会主席叫到我的名字，真是既高兴又激动！高兴的是，我的项目获奖了；激动的是，今天的颁奖仪式这么隆重，尤其刚才我从大屏幕上看到自己的名字，同时听到大家这么多鼓励的掌声。

我的获奖感言是：感谢上级领导的信任！感谢全体员工的努力！感谢管理部门的配合！感谢协作单位的支持！谢谢主办单位！荣誉属于过去，奖杯用于鞭策。今后，我会继续努力，争取以更好的成绩答谢社会各界！

汇报工作要做到五点

汇报工作或进行述职演说，则不应有太多客套，而要注重汇报的实质内容，要将条理安排清楚，使用准确有效的数据。

汇报工作，应做到以下几点：

◆ 目标明确——汇报什么，为什么汇报。

◆ 能简能详——10分钟的汇报就简化，2小时的汇报就详细。重点工作多讲，非重点少讲。

◆ 条理清楚——分析与综合，事实与思想。

◆ 多种形态——多媒体与纸面的相互转化。

◆ 数据准确——用充分的数据说明问题。数据的使用在演说中能起到肯定事实、强化演说效果的作用。

领导干部在汇报工作时,既有口头汇报的形式,也有书面汇报的形式。书面汇报时,可以细致一些。而口头汇报时,应该以实事求是的态度,不要夸张,少说空话,抓住上级领导关心的问题如实汇报。

动员号召包括三大内容

动员号召,主要包括以下几方面内容:

◆ 具体的事实描述。

◆ 希望大家做什么,要简短、具体、易做。

◆ 这样做的好处或理由,只强调一个主要的好处。

全市适龄青年、各位家长、同志们:

　　根据国务院、中央军委征兵命令,我市即将展开征兵工作。我代表市委、市政府和当地军分区向积极报名应征的适龄青年及家长致以崇高的敬意!也向工作在征兵第一线的全体同志表示亲切的问候!

国无防不立，民无兵不安。现在虽然是和平年代，但是我们的人民军队始终以实际行动弘扬我军听党指挥、服务人民、英勇善战的优良传统，自觉践行忠诚于党、热爱人民、报效国家、献身使命、崇尚荣誉的当代革命军人的核心价值观。正是因为有人民解放军作为坚强后盾，我们国家的各项事业才得以顺利进行，我们的祖国才会有翻天覆地的变化。

人民的军队，英雄辈出，在战争年代，他们前仆后继、流血牺牲，在和平年代，他们甘于奉献、忠于职守。他们是年轻人的典范，是青少年的楷模。无数事实证明：中国人民解放军是广大适龄青年茁壮成长的大学校，青年在军营大有作为！

我市有着爱国拥军的光荣传统，参军入伍既是每个适龄青年义不容辞的责任义务，也是我们报效祖国、展示自我、实现人生价值的一次大好机会。广大家长要正确处理国家利益与家庭利益的关系，积极送子女参军；广大适龄青年要自觉履行兵役义务，把保家卫国当成最高理想，为国防和军队建设做出应有贡献！

不同场合的庆典祝酒词

领导干部在日常工作中，经常有机会出席各种场合的庆典，如庆功宴、开业或开盘庆典、生日宴、婚宴等。在各种庆典上，领导干部都有机会说几句祝酒词。在不同的场合，祝酒词的内容各不相同，如庆功宴上的祝酒词，一般都要简要说明所获得的成绩并予以适当评价，继而对取得优异成绩的人员表示感谢；婚礼祝酒词中要表达对新人的祝福，要用最诚挚的情意表达对新人的祝贺，等等。

● 庆功宴祝酒词 ●

庆功宴的祝酒词，采用"评价—感谢—祝贺"的形式，要突出喜悦的氛围。

同志们：

大家好！

在此刻，我们隆重举办庆功晚会，庆祝今年抗洪救灾工作取得了全面胜利。自从发现汛情，广大干部职工高度负责、积极迎战、不畏艰险、夜以继日地奋战在抗洪抢险第一线，突出地表现了崇高的敬业精神和优秀的抗洪精神。在此，我要感谢大家的辛勤付出与无私奉献。

在这次抗洪救灾过程中，广大干部职工不怕苦、不怕累，积极防汛、连续作战，发扬了优秀的革命战斗精神。各级领导身先士卒，奔赴抗洪第一线，积极参与和指导抗洪工作，充分发挥了党员的领导示范作用。在此，我代表党委向你们表示衷心的感谢，并致以崇高的敬意！也希望你们继续发扬不怕困难、艰苦奋战的伟大精神，做好水情、工情的严密监视，严守堤防，为明年的抗洪抢险工作做好全面的备战工作！

现在，就让我们举起杯来，共同祝愿我们的

明天更美好，共同祝愿人民安居乐业，不受水患之苦，共同祝愿我们的抗洪工作取得一个又一个的胜利！

干杯！

● 婚礼祝酒词 ●

在婚礼庆典上，一般都少不了单位领导的祝福。单位领导致辞，通常先是对新人的介绍，然后代表公司全体职工对新人表示祝福。婚礼上的祝酒词，大都采用"甲方—乙方—双方共同"的形式，再加上借题发挥的内容即可。

下面的这段祝酒词就很好地体现了上述要点：

小张是学中文的，在我们机关从事宣传工作；小刘是学音乐的，毕业之后当老师从事音乐教学。我看他们俩一个在机关，一个在学校，一个很温柔，一个很阳光，真是天生一对、地设一双。

两位新人堂前站，两心相映似蜜甜，三生有幸结良缘，四方亲朋来得全，五福临门合家欢，六六大顺庆团圆，七星高照全家福，八仙过海来祝愿，九九相依又相伴，十分美好到百年！

祝福他们夫妻恩爱、琴瑟和鸣、白头偕老、早生贵子，高扬和谐生活主旋律，牵手美好未来当标兵！让我们衷心为他们祝福，为他们祈祷，为他们欢呼，为他们喝彩！愿他们幸福美满，天长地久！

● **生日庆典祝酒词** ●

生日祝福，多采用"当初—现在—今后"的形式，加上特别要说的内容。

如果是在上级领导的生日宴上，一定要注意身份，措辞要得当合理，致辞内容主要表达对领导的祝福，突出领导的成绩或其高尚人格，表达出钦佩之情；如果过生日的人是你的下级，那么你的态度与语气则要谦和，主要对他之前所做的贡献表示感谢；如果过生日的是同事或平级，则可以回忆一下共同的奋斗经历，再表达一下对未来的期望。

当初我和今天的寿星老张都是单位的先进，现在我们光荣退休，享受天伦之乐。今后，我们将老有所为，一起走进机关的老年大学学习书法。人生几十年，风光万万千。老张啊，作为同伴、同学、同事，我祝你生日快乐！永远快乐！各位好朋友，让我们为老张干杯！

开幕致辞三字诀

开幕词通常是一项活动或仪式的开场白，旨在运用热情洋溢的语言，阐明活动的主题，渲染和烘托气氛。好的开场白往往能营造良好的气氛，为接下来的活动造势。

开幕致辞三字诀："祝、欢、希"——祝贺开幕、欢迎来宾、希望合作。

各位领导、各位来宾：

今天我们在这里举行××博物馆的新展馆开幕仪式，我谨代表市委向为此付出辛勤努力的文化工作者及社会各界人士表示诚挚的敬意和良好的祝愿！向光临开幕式的各位领导、各方来宾表示热忱的欢迎和诚挚的感谢!

××市是中华文化的重要发祥地之一,也是多民族文化互相融合和发展的最有生机的文化板块。特殊的地理位置,得天独厚的自然条件,使这里沉淀了大量颇具风采的古代文化遗存,保留了许多珍贵的历史文物。历届市委、市政府都对文物工作,特别是博物馆事业的发展高度重视。

为适应先进文化建设和博物馆的现代化功能要求,我们决定今年对博物馆的陈列展览进行升级改造,并开设了历史文物展和古代玉器展这两大新展馆。博物馆的新展馆建设在上级文物部门的大力支持下,在有关方面的共同努力下,各项改造工作已全部完成,通过半年多的试开放,各项工作运转正常。这是一项我市文化建设的重点工程和标志性工程,也是一件全市各界人士都非常关注及期盼已久的大事。这项工程的建成,对于传承和弘扬中华民族的优秀传统文化,满足广大人民群众精神文化需求,推进我市文化事业的发展，塑造城市的文化形象，促进社会主义和谐社会建设和精神文明建设，都具有十分重要的意义。

党中央曾对推动社会主义文化大发展大繁荣做出了重要部署，我希望各单位要一如既往地关心和支持博物馆的发展与建设。博物馆也应继续努力，深挖潜力：第一，要不断丰富博物馆藏品种类，继续通过多种方式广泛征集文献资料和实物，做好规划，提升藏品质量；第二，要提高展览水平，创新陈列形式和手段，实现文化性、知识性、趣味性、观赏性的有机统一；第三，要充分发挥科普教育功能，利用好现有设施设备，吸引社会公众特别是青少年了解××历史、关注××发展。

博物馆作为精神文明建设的窗口单位，在全面贯彻落实科学发展观、构建社会主义和谐社会的伟大进程中，要充分利用新展馆这一有效载体，坚持"三贴近"，按照"保护为主、抢救第一、合理利用、传承发展"的工作方针，积极深化改革，切实加强内部管理,高度重视人才队伍建设,努力做好各方面的工作,为推进精神文明建设、构建和谐社会做出应有的贡献!

谢谢大家!

答谢致辞三字诀

答谢辞,一般是作为客方向主方所做的表达谢意的致辞。比如,在主方致欢迎辞或欢送辞后,感谢主方热情接待的致辞,或者是在结束访问后举行的告别宴上所致的辞。致答谢辞是体现客人良好素养的环节,因此领导干部要对其引起重视,要直接热烈地表达感谢之情,并且贯穿致辞始终。

答谢辞三字诀:"感、获、邀"——感谢安排、盘点收获、提出邀请。

大家可以参考下面这篇答谢辞:

××企业王董事长及全体领导同志:

首先,请允许我代表××访问团的所有成

员向王董事长及在座的××企业领导同志表示亲切的问候！本着交流学习的目的，我们组织了这次参观。初临贵境便受到你们的热情接待，对此，我们表示由衷的感谢！

在这次参观中，王董事长亲自接待，并向我们展示了贵企业建设的方方面面，不仅使我们感到了家一样的亲切和温暖，也使我们学到了贵企业现代化的生产技术和先进的管理经验。我谨代表××访问团的全体同志向王董事长及贵企业的全体同人致以诚挚的感谢！

我们访问团的成员全部来自本行业及相关的主管单位，这些企业中有发展势头强劲的，也有发展进入瓶颈期的，希望通过参观和学习贵企业的发展经验，给我们带来帮助和指导。同时，也希望王董事长及贵企业的全体同人有机会到我们那里参观指导！

谢谢大家！

不同的酒会侧重点不同

举办酒会的目的各不相同,有迎宾酒会、答谢酒会、庆功酒会等。在不同的酒会上,致辞的侧重点也各不相同。

尊敬的各位领导、各位来宾:

大家晚上好!

春暖花开,万象更新,在这个快乐的夜晚,高朋满座,嘉宾云集。我们以隆重而热烈的仪式,欢迎各位上级领导莅临××经济社指导。你们的到来,是××市人民的荣幸,是对××经济社工作的肯定,更是××经济社加快发展的希望和动力。在这里,我谨代表××经济社,对各位领导的光临、指导表示热烈的欢迎及诚挚的谢意!

近年来,我市经济有了长足发展,旅游业、食品业等各项特色产业飞速、健康地发展,文化事业稳步前进,基础设施建设不断加强,使我市的综合经济实力大大增强。同时,城乡人民的生活水平大幅上升。这离不开各位领导、各位朋友对××经济社发展的倾力帮助、大力支持;离不开各位领导对××经济社发展的深切关怀。感谢你们为××经济社的改革开放和现代化建设指明了方向,并希望在座各位一如既往地关心和支持我们!

我相信,在上级领导的正确指导下,在全市人民的共同努力下,××经济社的明天将会更加灿烂!

各位领导、各位嘉宾,让我们共同举杯,共同祝愿××经济社拥有美好的未来,共同祝愿各位领导身体健康、生活幸福!

请反复练习下面的祝贺词,以便在适当的场合能自如使用：

> 一家瑞气，二气雍和，三星拱户，四季平安，五星高照，六畜兴旺，万事如意！
>
> 只有懂得生活的人，才能领略到蜡梅的清馨；只有懂得关爱的人，才能感受到生命的美丽；只有经过不懈努力的人，才深深知道幸福来之不易。祝你事业成功！
>
> 清晨曙光初现，幸福在你身边；当午艳阳高照，微笑在你心间；傍晚日落西山，欢乐伴你一天！祝你每天都开心！
>
> 心愿是风，快乐是帆，祝福是船。让心愿的风，扬起快乐的帆，载着祝福的船轻轻地漂向你！祝你有如芝麻开花节节高！
>
> 一帆风顺，二龙腾飞，三阳开泰，四季平安，五福临门，六六大顺，七星高照，八方来财，九九同心，十全十美。
>
> 钟声是我的问候，歌声是我的祝福，雪花是我的贺卡，美酒是我的飞吻，清风是我的拥抱，

快乐是我的礼物！统统都送给你！

开心每一秒，快乐每一天，幸福每一年，健康到永远！

一千朵鲜花给你，要你好好爱自己；一千只纸鹤给你，让烦恼远离你；一千颗幸运星给你，让好运围绕着你，祝你天天快乐！

愿所有的好梦依偎着你，入睡时甜，醒来成真！愿所有的财运笼罩着你，日出遇贵，日落见财！愿所有的吉星呵护着你，时时吉祥，刻刻平安！

赞美时的发言

赞美是生活中常用的语言表达方式，赞美分为直接赞美和间接赞美两种，具体的内容可以细分为：

●直接赞美要点●

- 具体化。
- 差异化。
- 似否定实肯定。
- 表现特别信任。
- 主动与别人打招呼。
- 赞美别人得意的地方。
- 指出别人的变化。

- 对比赞美。

● 间接赞美要点 ●

- 在他人面前夸。
- 传达他人的赞美。
- 逢物加价，逢人减岁。
- 投其所好，谈别人的兴趣爱好。

● 赞美的三个原则 ●

- 真诚。
- 适度。
- 有根据。

● 赞美的三个层次 ●

- 肉麻。
- 恰当。
- 润物细无声。

赞美要坚持真诚、适度、有根据三个原则，在赞美的过程中要用词恰当，要达到"润物细无声"的效果，防止出现肉麻、过分的尴尬情形。

某公司员工甲与其经理乙进行交谈,员工甲想就经理乙在某重要会议上的发言进行赞美,谈话内容如下:

> 员工甲说:上次您在会议上的讲话实在是太棒了!
>
> 经理乙说:哪里哪里。
>
> 员工甲说:您讲得绘声绘色,口若悬河,我们是佩服得五体投地呀!

请你谈谈员工甲在这次赞美中哪些地方是可取的,哪些地方是失当的。

如果采用直接赞美的方法,就应按照具体化、差异化、似否定实肯定、表现特别信任、对比赞美的要点,设计合理的赞美语言如下:

> 员工甲说:您的讲话组织严谨、思路清晰、内容翔实,大家都被吸引住了,领导也很高兴。
>
> 经理乙说:是吗,这都多亏大家认真合作,

工作取得了成绩，我才能有内容讲呀，还要谢谢你们呀。

员工甲说：您的话让我陷入严肃的思考，您那种对真理的执着追求和对理想的艰苦实践所产生的厚重感深深地感染了我；您的话也深深地鞭策着我，让我认识到自己的不足。我需要更加努力地工作，不断提升自己的能力，成为像您一样优秀的人。

其他场合的发言要点

● 表达批评时的发言 ●

如果要表达批评,则先要准确具体描述事实,然后陈述自己的困难和损失,最后提出请求(要求)。在批评的过程中,要注意言辞委婉,语调缓和,态度和蔼,切不可得理不饶人,保留一定的后路,给对方以解释的空间,在看似商讨协议的演说中达到批评的目的。

● 与客户沟通时的发言 ●

与客户沟通是达成一致意见的重要手段,在沟通交流的谈话过程中,说话的方式和技巧要求比较严格,一般可以遵照下面的原则来开展：

- 多问少说多听。
- 点头微笑回应。
- 避免与其争论。
- "同时"取代"但是"。
- 成败不失风度。

●与下属面谈时的发言●

作为领导，避免不了要与下属面谈，好的面谈能鼓励下属，能融洽上下级之间的关系，对未来工作的开展非常有益；但组织糟糕的面谈则会令下属失去信心，产生沮丧心态，对工作开展产生障碍。一般与下属面谈，应设计以下的谈话内容：

- 先肯定，再建议，最后鼓励。
- 让他觉得这个主意是他想到的。
- 用建议而不是命令。
- 布置工作要得到确认。
- 提出挑战。

● 介绍别人 ●

需要介绍别人时,要充分准备,了解主讲人,然后运用"题—重—讲"的形式,将需要介绍的人物隆重推出,在这个过程中,要保持热情。

● 答记者问 ●

回答记者提问是演说中经常碰到的情况,而在这种时候,记者或提问者有时往往想通过问题刁难演说人,这个时候千万不能冲动,要冷静思考问题的要点,寻找完美的解答方式,不能给刁难者继续下套的机会,同时也要给自己保留退路,留下周旋的余地。回答记者提问可以参考下面的建议进行准备,在临场时,再结合自己的知识阅历,进行现场的灵感发挥,不要急,要面带微笑听取问题,有板有眼地回答。只有经过大量准备,才能达到画龙点睛的回答效果。具体做法如下:

◆先不要下结论。

◆立刻举例。

◆题目大:从小处入手。

- 题目尴尬：谈别人。
- 一无所知：谈相近的。

答记者问时，应该保持激情，面带微笑，同时在公众面前要有人情、才情，除了讲固定的内容之外，还可以把现场的人或事件信手拈来，这是让讲话具有亲和力、感染力的一个重要方法。同时要注意不可冷落任何一个人，包括下属、同事等，例如，可以对角落里的人说"那位同志，你说一说"，通过示意把话语权交给他，将这些现场调动起来的内容加到讲话内容里面。